Uwe Sarfeld

Achtung Handwerker 2

Uwe Sarfeld

bekannt aus Funk und Fernsehen

Kunde – Handwerker
Selbstständig - Angestellt

Sachbuch

Bibliografische Information der Deutschen Nationalbibliothek: Die Deutsche Nationalbibliothek verzeichnet diese Publikation in der Deutschen Nationalbibliografie; detaillierte bibliografische Daten sind im Internet über http://dnb.dnb.de abrufbar.

Herstellung und Verlag: BoD – Books on Demand, Norderstedt
ISBN: 9783-7519-0303-5

Vorwort

Ich freue mich, Ihnen mitteilen zu können, dass ich dieses Buch mithilfe modernster Technologie verfasst habe. Die künstliche Intelligenz hat mich teilweise dabei unterstützt und inspiriert, meine Ideen in Worte zu fassen und sie zu einem Werk zu vereinen, das ich mit Stolz präsentiere. Ich hoffe, dass Sie beim Lesen dieses Buches Freude und Unterhaltung finden, sowie neue Erkenntnisse gewinnen werden. Denn es ist mein Ziel, Ihnen mit diesem Werk nicht nur eine angenehme Lektüre zu bieten, sondern auch Ihren Horizont zu erweitern. Lassen Sie sich von mir, von der Kraft der Technologie und der Faszination des Wissens begeistern und tauchen Sie ein in eine Welt voller neuer Erkenntnisse und Entdeckungen.

Einzelne Abschnitte, in denen ich KI eingesetzt habe, wurden nicht nochmals separat von mir gekennzeichnet.

Liebe Leserinnen und Leser, die Zeit scheint immer schneller zu vergehen. Es kommt mir vor, als wäre es gestern gewesen, dass ich mit meinem ersten Buch »Achtung-Handwerker« im Jahr 2019 einen wahren Triumph feiern konnte. Ich bin fest davon überzeugt, dass ich mit der Neuauflage »Achtung-Handwerker 2« erneut ein starkes Werk geschaffen habe, das Ihnen einen tiefen Einblick in die Welt der Handwerker gewährt. In diesem Buch präsentiere ich Ihnen alle Veränderungen, die sich seit der ersten Auflage ergeben haben und die ich Ihnen auf keinen Fall vorenthalten möchte. Natürlich steht auch in diesem Werk die Beziehung zwischen Handwerker und Kunde im Fokus. Ich zeige Ihnen, was Kunden von Handwerkern erwarten und was Sie, liebe Handwerker, von Ihren Kunden erwarten können.

Außerdem gebe ich Ihnen wertvolle Tipps, wie Sie eine langfristige und vertrauensvolle Zusammenarbeit zwischen Kunde und Handwerker aufbauen können. Ich verspreche Ihnen, dass Sie nach der Lektüre ein neues Verständnis für das Handwerk haben werden. Seien Sie gespannt auf eine faszinierende Reise in die Welt des Handwerks und die damit verbundenen Probleme. Zusätzlich habe ich mich mit dieser Neuauflage intensiv mit dem Thema Existenzgründung beschäftigt und Ihnen viel Wissen dazu zur Verfügung gestellt. Ebenso kommt die Arbeitssuche nicht zu kurz. Erstmals gebe ich Tipps für Bewerbungsschreiben und Vorstellungsgespräche, damit Ihnen kein Jobangebot entgeht. Dazu habe ich mich in diesem Werk ausgelassen!

Jeder möchte immer das Optimale für sich herausholen und fühlt sich schnell von seinem Gegenüber übervorteilt und über den Tisch gezogen. Aber jeder, ob Handwerker oder Kunde, hat Rechte und Pflichten, die es zu beachten gilt.

In diesem Buch gehe ich ausführlich auf die Machenschaften der Notdiensthandwerker ein. Diese Handwerkergruppen sind oft mafiös organisiert und strukturiert, sodass es als Kunde oft schwierig ist, bei Unzufriedenheit Regressansprüche geltend zu machen.

Nicht nur unter den Handwerkern gibt es schwarze Schafe. Unter den Kunden gibt es mindestens genauso viele schwarze Schafe. Diese Kunden versuchen, den Handwerkern etwas anzudichten, dass Sie nicht zu verantworten haben. Für mich gehören diese Leute zu der Gruppe Psychopathen, weil sie andere manipulieren möchten. Also, Handwerker, seid auf der Hut.

Ein weiteres Thema ist die Änderung der Meisterpflicht, die sich für verschiedene Berufsgruppen ergeben hat. Anschließend gehe ich auf die diversen Unternehmensformen ein und erläutere die Vor- und Nachteile, die man bei der Gründung oder Übernahme eines Unternehmens beachten sollte.

Junge Menschen lernen heute schon in der Schule, wie sie eine Bewerbung aufsetzen, was sie bei einem Bewerbungsgespräch erwartet und wie sie sich darauf vorbereiten können. Doch wie sieht es mit der Generation 40plus aus? Für diejenigen gestaltet sich ein Bewerbungsschreiben und ein Vorstellungsgespräch vielleicht etwas schwieriger. Auch dazu gebe ich in diesem Buch nützliche Tipps. Die Buchhaltung ist eine der grundlegenden Säulen für den Erfolg eines jeden Unternehmers. In diesem Zusammenhang erläutere ich Ihnen wichtige buchhalterische Begriffe und gebe Ihnen nützliche Tipps und Tricks an die Hand. Oftmals wissen Jungunternehmer nicht, wie eine ordentliche Rechnung auszusehen hat und welche Informationen darin enthalten sein müssen. Werbung ist eine der wichtigsten Komponenten im Unternehmertum. Ohne eine gezielte Werbestrategie ist der Erfolg, oft nur schwer zu erreichen. Für diese aktuelle Neuauflage habe ich erneut viel Zeit und Energie investiert, um Ihnen das bestmögliche Ergebnis zu liefern.

An dieser Stelle „muss" ich aber noch darauf hinweisen, dass alles, was ich in diesem Buch geschrieben habe, nur auf meinen eigenen Erfahrungen und Recherchen beruht und keine offizielle Rechts- oder Steuerberatung darstellt. Rechts- und Steuerberatungen dürfen nur von Juristen und Steuerberater erteilt werden. Ich bin seit vielen Jahren Unternehmer, Handwerksmeister und zertifizierter Sachverständiger. So stelle ich Ihnen, meinen interessierten und motivierten Leserinnen und Lesern, meine Erfahrungen, Recherchen und mein gesammeltes Wissen in diesem neuen Werk zur Verfügung.

Über mich

Geehrte Leserinnen und Leser, ich möchte Ihnen gerne erläutern, weshalb ich davon überzeugt bin, dass ich Ihnen ein umfangreiches Wissensspektrum über Unternehmer, Aufträge, Betriebsmanagement, Kundenumgang, Akquise, Werbung, Bewerbung und vieles mehr vermitteln kann, um Ihnen das Leben zu erleichtern. Schon in meiner Kindheit wurde mir das Handwerk quasi in die Wiege gelegt. Meine Mutter war eine begnadete Schneiderin und mein Vater ein talentierter Schreiner. Da der Apfel bekanntlich nicht weit vom Stamm fällt, habe auch ich mich dem Handwerk verschrieben und bin stolz darauf, mich als ziemlich geschickter und versierter Handwerker bezeichnen zu können. Ich beherrsche die Feinheiten der Technik und bin in der Lage, auch in scheinbar aussichtslosen Situationen stets eine Lösung für jedes Problem zu finden.

Im zarten Alter von fünf Jahren erhielt ich meinen ersten Drahtesel. Mein Vater machte mich mit der einfachen Technologie des Fahrrads vertraut, jedoch stach mir besonders der Dynamo ins Auge. Dieses winzige Teil am Vorderrad, das scheinbar unerschöpfliche Mengen an Energie erzeugen konnte, faszinierte mich. In unserem Keller befand sich eine antike Singer-Nähmaschine, die mit einem Pedal angetrieben wurde. Ein massives Schwungrad an der Seite wurde über einen Keilriemen durch das Pedal in Bewegung gesetzt. Ich verbrachte immer mehr Zeit im Keller und spielte mit der Nähmaschine, bis ich schließlich eine bahnbrechende Idee hatte. In meinem Kopf hatte ich ein Perpetuum mobile erfunden. Die Vision war simpel: Ich würde den Dynamo meines Fahrrads an das Schwungrad der Nähmaschine anschließen, das Schwungrad einmal drehen und es würde in Bewegung geraten. Der Dynamo würde nun Strom liefern, mit dem ich einen Elektromotor antreiben könnte, der wiederum das Schwungrad in Bewegung halten würde. Ich könnte sogar Strom für eine

Beleuchtung abzweigen – und das alles unendlich lange und so oft ich wollte.

Natürlich verstand ich damals noch nichts von Physik und dem Naturgesetz, dass man immer mehr Energie einbringen muss, als das man wieder entnehmen kann. Warum das so ist, will ich jetzt auch nicht weiter erklären. Nur so viel sei gesagt, Kraftverluste treten auf durch Reibung, Luftwiderstand und so weiter. Für die technisch weniger Begabten unter Ihnen möchte ich kurz den Begriff Perpetuum mobile erklären. Als Perpetuum mobile bezeichnet man Maschinen, die mehr Energie erzeugen, als ihnen zuvor zugeführt wurde. Zum Beispiel kann eine Maschine, wenn sie einmal läuft, sich selbst mit Energie versorgen und noch überschüssige Energie liefern, die ich für andere Zwecke verwenden kann.

Schon als Knirps hegte ich den Wunsch, als Unternehmer eine eigene Autofabrik zu gründen und meine eigens entwickelten Wagen auf die Straßen zu bringen. Wie sich später herausstellte, hatte ich damals bereits eine Vision für die Zukunft. Meine geplanten Fahrzeuge sollten von einem Elektromotor angetrieben werden, der durch einen Generator mit Strom versorgt wird und somit vollkommen energieeffizient ist. Ein Trend, der heute in Form von E-Autos Realität geworden ist. Ironischerweise habe ich als junger Bursche bereits sechzig Jahre in die Zukunft geblickt.

Das klingt unglaublich und ich bekomme heute noch eine Gänsehaut, wenn ich daran denke, was mir als Kind alles durch den Kopf ging. Sicher schwer vorstellbar, aber es war wirklich so.

Alles andere über mich habe ich bereits in meinen anderen Büchern zum Ausdruck gebracht. Doch für Sie, liebe Leserinnen und Leser, hier noch einmal kurz mein beruflicher Werdegang.

Mit fünfzehn Jahren begann ich meine Lehre. Mein Vater hatte mir eine Lehrstelle in einer kleinen Autowerkstatt besorgt. Es war eine freie Werkstatt, die alle Arten von Fahrzeugen reparierte. Ich hatte das große Glück, den besten Chef der Welt zu haben.

Nach der Lehre blieb ich bis zum Wehrdienst in der Firma.

Nach meinem Dienst bei der Bundeswehr fand ich eine Stelle als Kfz-Mechaniker im Tiefbau und übernahm die Verantwortung für den Fuhrpark. Um meine Karriere voranzutreiben, meldete ich mich umgehend bei der Handwerkskammer Düsseldorf zur Meisterschule an. Glücklicherweise konnte ich schneller als erwartet starten. Mit 24 Jahren begann ich meine neunmonatige Ausbildung zum Meister. Mit 25 Jahren hatte ich es geschafft und durfte mich stolz Kraftfahrzeugmechanikermeister nennen.

Im Anschluss an meine Zeit als angestellter Meister in einem renommierten Konzern, wo ich die Betriebswerkstatt leitete, absolvierte ich zweieinhalb Jahre lang ein Betriebswirtschaftsstudium an einer Abendschule. Danach ergab sich die Gelegenheit, eine Markentankstelle zu übernehmen. Doch ich gab diese bereits nach zwei Jahren wieder auf, da mir klar wurde, dass ich mich, falls ich noch einmal selbstständig werden sollte - ganz gleich in welcher Branche - niemals mehr an einen Konzern binden würde. In einem solchen Konstrukt ist man lediglich ein besserer Angestellter, der für alles den Kopf hinhalten muss. Wenn etwas schiefgeht, bleibt man auf der Strecke und der Konzern lässt einem schnell wie eine heiße Kartoffel fallen. Das Risiko, alleine dazustehen und womöglich sogar mit Schulden belastet zu sein, ist schlichtweg zu groß.

Um die Geschichte etwas abzukürzen, überspringe ich einige Stationen meiner beruflichen Laufbahn und komme zum interessanten Teil. Kurz nach dem Jahrtausendwechsel absolvierte ich eine Kurzausbildung zum Schlüsselnotdiensttechniker. Obwohl diese Berufsbezeichnung nicht geschützt ist und kein Lehrberuf darstellt, erhielt ich während dieser Ausbildung die essenziellen Grundkenntnisse, um als Schlüsselnotdienst erfolgreich Türen zu öffnen. Schnell wurde mir bewusst, dass ich in diesem neuen Berufsfeld meine wahre Berufung gefunden hatte. Meine Begeisterung für diese anspruchsvolle Tätigkeit war ungebremst und ich nahm meine Arbeit als Erfüllung wahr. Dank meines besonderen Talents und Fingerspitzengefühls für knifflige Aufgaben hatte ich stets die richtige Lösung parat. Manchmal denke ich, dass ich nur einen Blick auf eine verschlossene Tür werfen müsste, um sie wie von Zauberhand wieder zu öffnen.

Ich habe selbst erfahren müssen, wie hart der Weg zum Erfolg sein kann. Um überhaupt Aufträge zu bekommen, habe ich mich bei zwielichtigen Vermittlungsagenturen beworben, ohne zu wissen, mit wem ich zu tun hatte. Diese sogenannten schwarzen Schafe haben mich jedoch sofort eingestellt und mir einen Subunternehmervertrag angeboten. So habe ich als selbstständiger Unternehmer für verschiedene Notrufzentralen gearbeitet und schnell einen guten Ruf erworben. Ich erledigte die komplizierteren Aufträge stets zur vollsten Zufriedenheit meiner Auftraggeber. Doch entgegen den Anweisungen der Zentralen nahm ich immer zu wenig Geld von den Kunden. Trotzdem konnte ich mich aufgrund meiner fachlichen Kompetenz bei meinen Auftraggebern durchsetzen und erhielt weiterhin Aufträge. Doch nach ein paar Jahren stieß ich durch meine Preispolitik auf Unmut meiner Auftraggeber und ich geriet unter Druck. Schließlich trennte ich mich von den Zentralen und es lief auch ohne ihre Abhängigkeit hervorragend.

Da ich nach wie vor von meinem neuen Beruf begeistert war, in dem ich nun schon einige Jahre arbeitete, war es fast unumgänglich, dass ich mir zusätzlich zu meiner Werkzeugausrüstung eigene Werkzeuge baute. Da sich diese in der Praxis gut bewährten, meldete ich bald mein erstes Gebrauchsmuster beim Deutschen Patentamt an. Kurz darauf folgte meine zweite Entwicklung. Nur so am Rande. Eine Gebrauchsmusteranmeldung hat mich inklusive Recherche und Patentanwalt ca. 4.500,00 Euro gekostet.

Durch glückliche Fügung oder Zufall, ich weiß es nicht genau, erlangte ich die Bekanntschaft eines bedeutenden Mannes aus der Werkzeugherstellung, mit dem Schwerpunkt Sperrwerkzeuge herzustellen. Dieser gab mir die Chance, meine selbst entwickelten Werkzeuge einer exklusiven Fachöffentlichkeit vorzustellen, darunter Schlüsselnotdienste, Polizei und Feuerwehr. Obwohl die Gebrauchsmusteranmeldung hohe Kosten verursachte, hatte ich meine Entwicklungskosten rasch wieder hereingeholt. Meine öffentlichen Auftritte verschafften mir schnell einen ausgezeichneten Ruf und steigerten meine Bekanntheit in der Branche enorm. Von da an ging es immer weiter bergauf. Ich gab Schulungen und unterrichtete angehende Schlüsselnotdienste in Eigenregie. Ich hatte mich mittlerweile zum wahren Experten für Türöffnungen und Sicherheitstechnologie entwickelt und entschied mich, eine Sachverständigenschule zu besuchen, die ich mit Bravour meisterte. Nun bin ich ein geprüfter Sachverständiger und Gutachter. Übrigens hatte ich bis dahin zu Hause gearbeitet. Doch dann kam der entscheidende Moment: Ich hatte die Gelegenheit, das ehemalige Ladenlokal eines Schlüsseldienstes zu mieten.

Ich brachte den Laden wieder auf Vordermann und kaufte ihn später samt Haus. Als Sachverständiger und Gutachter bekam ich nun auch Aufträge von Gerichten, Versicherungen und Anwälten. Ich öffnete Türen, baute Fenster- und Türsicherungen ein und schulte Feuerwehrleute, Polizisten, Hausmeister und andere, die mit Türöffnungstechniken zu tun hatten. Ich gebe bis heute noch Seminare. Die Schulungen sind mittlerweile ein fester Bestandteil meines Umsatzes geworden, und ich bin stolz darauf, dass ich meinen Weg zum Erfolg selbstständig und aus eigener Kraft gegangen bin.

Was ich noch ganz vergessen habe zu erwähnen ist, dass ich plötzlich regelmäßig Anfragen von verschiedenen Fernsehsendern bekam, ob ich Interesse hätte, als Experte mit versteckter Kamera Handwerker zu prüfen und zu beurteilen. Logischerweise habe ich fast immer zugesagt, das war auch für mein Image nicht schlecht. So habe ich für Kabel 1 sogar an dem wohl größten Handwerkertest teilgenommen, den es bis jetzt in Deutschland je gegeben hat. Auch meine Seminare über Türöffnungstechniken wurden schon mehrfach vom Fernsehen begleitet. Einmal ließ sich ein Reporter von mir zum Schlüsselnotdiensttechniker ausbilden, begleitet von einem Kamerateam. Ausgestrahlt wurde das im Frühstücksfernsehen von SAT 1. Die Nachfragen nach meinen Seminaren waren danach bombastisch.

Aber jetzt erzähle ich nicht mehr von mir, denn mein Ziel ist es, Sie, liebe Leserinnen und Leser, dafür zu sensibilisieren, wie Sie, der Handwerker und der Kunde, miteinander umgehen sollten und dass Sie ein Gespür dafür bekommen, wenn man Sie abzocken und betrügen will. Außerdem soll Ihnen dieses Buch mit Tipps und Tricks den Start in die Selbstständigkeit erleichtern.

Warum selbstständig?

Am Anfang steht eine Idee. Der Auslöser für diese Idee kann diverse Gründe haben. Diese Gründe sind von Person zu Person sehr unterschiedlich.

Vielleicht sind Sie erwerbslos geworden, haben Schwierigkeiten, sich als Angestellter unterzuordnen, wurden ständig gemobbt oder wollen sich einfach nur selbst verwirklichen und zeigen, was in Ihnen steckt? Ich habe hier einige triftige Gründe für den Schritt in die Selbstständigkeit aufgelistet.

Persönliche Zufriedenheit. - Als selbstständiger Handwerker können Sie stolz auf das zu sein, was Sie geschaffen haben. Sie können die Zufriedenheit genießen, die aus der Fertigstellung eines Projekts und der Anerkennung Ihrer Arbeit durch Ihre Kunden resultiert.

Kreative Freiheit. - Als selbstständiger Handwerker haben Sie die Möglichkeit, Ihre kreativen Fähigkeiten voll auszuleben und Ihre eigenen Ideen in die Tat umzusetzen. Sie können sich auf bestimmte Arten von Handwerksarbeiten spezialisieren oder sogar innovative Produkte und Dienstleistungen entwickeln, die sich von denen Ihrer Konkurrenten abheben.

Flexibilität. - Als selbstständiger Handwerker haben Sie in der Regel mehr Flexibilität in Ihrer Arbeitszeit als ein Angestellter. Sie können selbst entscheiden, wann und wie viel Sie arbeiten möchten, um die Bedürfnisse Ihrer Kunden zu erfüllen.

Unabhängigkeit. - Als selbstständiger Handwerker steht es Ihnen offen, Ihr eigenes Unternehmen nach Ihren Vorstellungen aufzubauen und Ihr eigener Chef zu sein. Sie können Ihre eigene Strategie entwickeln, die Ihrem Geschäft und Ihren Zielen dienen.

Finanzielle Belohnung. - Als selbstständiger Handwerker gestalten Sie Ihre eigene Karriere und Ihr eigenes Einkommen. Wenn Sie erfolgreich sind, können Sie oft höhere Gewinne erzielen als in einem Angestelltenverhältnis.

Als selbstständiger Handwerker haben Sie in der Regel direkten Kontakt zu Ihren Kunden. Engere

Kundenbeziehungen werden aufgebaut, was zu einem besseren Verständnis ihrer Bedürfnisse und Erwartungen führen kann. Man muss sich allerdings, darüber im Klaren sein, wenn Sie die Vorteile, die ich gerade genannt habe, nutzen wollen, gibt es für Sie keinen Acht-Stunden-Tag mehr. Als Unternehmer sollten Sie sich auch der Verantwortung bewusst sein, die Sie gegenüber Ihren Kunden und Ihren Mitarbeitern haben (falls vorhanden).

Zum Abschluss dieses Kapitels möchte ich Ihnen noch einige Tipps mit auf den Weg in die Selbstständigkeit geben. Mein liebstes betriebswirtschaftliches Prinzip lautet. - Mit minimalem Aufwand maximalen Gewinn erzielen. Eigentlich logisch, denn warum sollte ich sonst ein Unternehmen gründen, wenn ich keinen Gewinn machen will? Natürlich gibt es noch andere Gründe. Hier noch ein paar weitere betriebswirtschaftliche Tipps, die es zu beachten gilt.

Sie müssen Ihre Kosten und Erlöse stets im Auge haben. - Unternehmen müssen die Kosten ihrer Geschäftstätigkeit überwachen und sicherstellen, dass sie genügend Einnahmen generieren und Gewinne erzielen, um damit die Kosten abdecken zu können.

Sie benötigen natürlich Kapital.

Kapitalbedarf und Finanzierung. - Unternehmen müssen ihre Finanzierung planen und sich darum bemühen, das notwendige Geld aufzubringen, um ihre Geschäftstätigkeit durchzuführen.

Jedes Unternehmen birgt auch Risiken.

Risikomanagement. - Unternehmen müssen Risiken zu ihrer Geschäftstätigkeit identifizieren und entsprechende Maßnahmen ergreifen, um diese zu minimieren und zu managen.

Sie sind mit Ihrem Unternehmen bestimmt nicht allein auf dem Markt.

Wettbewerbsanalyse. - Unternehmen müssen ihre Konkurrenz beobachten und analysieren, um ihre eigenen Stärken und Schwächen zu identifizieren und sich auf dem Markt zu positionieren.

Je nach Größe Ihres Unternehmens benötigen Sie auch Personal.

Personalmanagement. - Unternehmen müssen die Personalbedürfnisse ihres Betriebs planen, Arbeitskräfte anwerben, ausbilden und motivieren, um die Produktivität und Effizienz zu maximieren.

Wie bringen Sie Ihre Waren oder Dienstleistungen an den Kunden?

Marketing und Vertrieb. - Unternehmen müssen ihre Produkte und Dienstleistungen vermarkten und verkaufen, um Gewinne zu erzielen. Gleichzeitig müssen Sie neue Kunden gewinnen und halten.

Sie müssen Ihre Waren und Dienstleistungen überwachen, damit Sie stets Ihren Kunden gleichbleibende Qualität bieten.

Qualitätssicherung. - Unternehmen müssen sicherstellen, dass ihre Produkte und Dienstleistungen den Anforderungen und Standards entsprechen, um Kunden zufriedenzustellen und ihre eigene Reputation zu wahren.

Um Ihr Unternehmen der Konkurrenz gegenüber im Vorteil zu sein, benötigen Sie auch Innovationsmanagement. – Unternehmen müssen. in Forschung und Entwicklung investieren, um neue Produkte und Dienstleistungen zu entwickeln und ihre Wettbewerbsfähigkeit zu erhalten.

Sie kennen das Sprichwort? - Ohne Fleiß keinen Preis! Das galt schon immer und gilt auch heute noch.

Start in die Selbstständigkeit

Ihr Mut hat Sie dazu befähigt, ein eigenes Unternehmen zu gründen oder zu übernehmen. Doch jetzt stellt sich die Frage: Wann ist der richtige Zeitpunkt? Eine definitive Antwort kann ich Ihnen nicht geben, denn nur Sie selbst können das herausfinden. Dieses Buch soll Ihnen dabei helfen, den optimalen Zeitpunkt zu erkennen und Sie zu motivieren. Wenn Sie das Gefühl haben, dass es jetzt der richtige Moment ist, dann sollten Sie loslegen! Aber bevor Sie starten, setzen Sie sich mit den Inhalten dieses Buches auseinander.

Als Handwerker verfügen Sie sicherlich über ausgezeichnete handwerkliche Fähigkeiten, aber unterschätzen Sie nicht die kaufmännische Seite. Es ist wichtig, zumindest grundlegende Kenntnisse in diesem Bereich zu besitzen. Wiederhole ich mich? Ja, aber es ist von Bedeutung: Lesen Sie dieses Buch sorgfältig durch und suchen Sie auch anderweitig nach Rat. In der heutigen Zeit stehen uns zahlreiche Informationsquellen zur Verfügung, insbesondere durch das Internet. Wir haben Zugang zu künstlicher Intelligenz und Suchmaschinen, das vor einigen Jahren noch undenkbar war. Lernen Sie auch die Fachbegriffe kennen und verstehen. Eventuell sind Ihnen schon die Begriffe, wie Unternehmen, Firma oder Betrieb unbekannt. Keine Sorge, ich werde Ihnen mit diesem Buch helfen, diese Begriffe zu definieren.

Ist es möglich, sich in Ihrem Beruf selbstständig zu machen?
Die Meisterpflicht ist in vielen Handwerksberufen gesetzlich vorgeschrieben.

Was sind die Merkmale eines Meisters?

Ein guter Mix aus Theorie und Praxis und natürlich der offiziell bestandene Abschluss der Meisterschule.

Mit der Novellierung der Handwerksordnung im Jahr 2004 wurde die Meisterpflicht für 53 Handwerksberufe zulassungsfrei gestellt. Das heißt, diese Berufe konnten auch ohne Meistertitel ausgeübt werden.

Für zwölf dieser Berufe wurde die Meisterpflicht jedoch wieder eingeführt. Bestehende Betriebe genießen Bestandsschutz. Folglich die Liste der Berufe, die nun wieder dem Meisterzwang unterliegen.
>Betonstein- und Terrazzohersteller, >Parkettleger, >Schilder- und Lichtreklamehersteller, >Glasveredler, >Rollladen- und Sonnenschutztechniker, >Behälter und Apparatebauer, >Böttcher, >Raumausstatter, >Estrichleger, >Drechsler- und Holzspielzeugmacher, >Fliesenleger/Plattenleger/Mosaikleger, >Orgel- und Harmoniumbauer.

Dies bedeutet, dass ein Unternehmer, der vor der Wiedereinführung der Meisterpflicht keinen Meistertitel benötigte und somit keinen Meister einstellen musste, kann aufgrund des Bestandsschutzes seinen Betrieb weiterhin führen. Für diejenigen, die sich in einem der nun meisterpflichtigen Berufe selbstständig machen möchten, ist ein Meistertitel oder die Einstellung eines Meisters unerlässlich. Ob dies gerechtfertigt ist oder nicht, überlasse ich Ihrer eigenen Beurteilung. Als Existenzgründer sind Sie selbst dafür verantwortlich, sich über die Meisterpflicht in Ihrem zukünftigen Betrieb zu informieren. Wenn Sie unsicher sind, ob Sie betroffen sind, sollten Sie einen Blick in die Handwerksordnung (HwO) werfen und sich bei Ihrer zuständigen Handwerkskammer erkundigen, um eine verbindliche Auskunft zu erhalten. Um dies zu verdeutlichen, werde ich mit Ihnen eine fiktive Unternehmensgründung für ein Juweliergeschäft durchspielen. In diesem Zusammenhang sollten Sie sich bewusst sein, dass eine kraftvolle und erfolgreiche Gründung nur durch umfassende Kenntnis der relevanten Vorschriften und Regelungen erreicht werden kann.

Angenommen, Sie möchten ein Juweliergeschäft eröffnen. Nach meinen Recherchen benötigen Sie derzeit keinen Meistertitel, um ein Juweliergeschäft zu eröffnen. Was brauchen Sie dafür? Eine klassische Berufsausbildung.

Mir sind zwei Möglichkeiten bekannt. Der klassische Weg, man kommt aus dem Einzelhandel oder aus dem Handwerk. Nach der klassischen Ausbildung zum/zur Juwelier*in, Goldschmied*in oder Silberschmied*in haben Sie noch den Meistertitel erworben. Es ist immer von Vorteil, wenn man so ein Dokument in der Hand hält, das schafft auch Vertrauen bei der Kundschaft. Oder Sie haben eine kaufmännische Ausbildung abgeschlossen und sich zum/zur Fachverkäufer*in für Uhren, Schmuck, Gold- und Silberwaren weitergebildet.

Nun etwas ganz Wichtiges, als Ladeninhaber*in eines Juweliergeschäfts als überwachungsbedürftiges Gewerbe unterliegen Sie bei der Gewerbeanmeldung dem § 38 GewO.

GewO steht für Gewerbeordnung. Zu überwachungsbedürftige Gewerbe zählen: An- und Verkauf von besonders hochwertigen Gütern. Unterhaltungselektronik, Computer, Fotoapparate, Teppiche, Edelsteine sowie Gold und Schmuck. Der Kategorie zuzuordnen sind außerdem noch der An- und Verkauf von Kraftfahrzeugen. Firmen, die bankähnliche Geschäfte betreiben. Reisebüros sowie Vermittlungen von Unterkünften, genauso wie der Vertrieb und Montagen von Gebäudesicherungseinrichtungen und Schlüsseldienste. Natürlich auch noch Firmen, die Öffnungswerkzeuge herstellen und vertreiben.

Die Liste ist nicht vollständig, aber ich denke, Sie haben jetzt ein Gefühl dafür bekommen, welche Geschäfte unter dem § 38 GewO fallen. Wenn Sie Zweifel haben, suchen Sie im Internet nach entsprechenden Ergebnissen oder fragen Sie bei der HWK, der IHK oder bei Ihrem örtlichen Gewerbeamt nach.

Zurück zu Ihrem Juweliergeschäft:

Ich denke, eine vernünftige Standortanalyse ist notwendig, es sei denn, Sie haben die Möglichkeit, ein alteingesessenes Geschäft zu übernehmen, das sich an seinem Standort bereits bewährt hat. In diesem Fall gehe ich davon aus, dass man mit dem Altinhaber vernünftige Gespräche geführt hat und Einsicht in seine Geschäftsbücher hatte.

In kraftvollen Schritten habe ich mein Geschäft für Schlüsseldienst und Sicherheitstechnik an einen geeigneten Nachfolger zum 31.12.2021 übergeben. Ich habe in keinerlei Hinsicht ein Geheimnis aus meinem Geschäft gemacht und bin mit meinem Nachfolger zu meinem Steuerberater gegangen, um ihm in aller Offenheit und Ehrlichkeit alles zu offenbaren. Zudem habe ich ihm die Bilanzen der letzten Jahre zur Einsicht vorgelegt. Ich bin überzeugt, dass es notwendig ist, dass man seinem Nachfolger in allen Belangen transparent gegenübertritt. Wenn man jedoch merkt, dass der Vorgänger etwas verschweigt oder um den heißen Brei herumredet, sollte man nicht nur vorsichtig, sondern sogar übervorsichtig sein.

Ein gewisses finanzielles Polster sollte Ihrerseits vorhanden sein. Ich rate Ihnen dringend davon ab, ein Geschäft, welcher Art auch immer, mit einem hohen Kredit zu beginnen. Gerade der Anfang eines neu eröffneten Geschäftes ist in der Regel schwierig und braucht Zeit, bis man Fuß gefasst und einen gewissen Bekanntheitsgrad erreicht hat. Die Bank möchte, oder besser gesagt, sie besteht darauf, dass die Raten für den gewährten Kredit jeden Monat pünktlich zurückgezahlt werden.

Wenn Sie ein Unternehmen übernehmen, werden Sie nicht alle Kunden Ihres Vorgängers behalten.

Es werden immer Kunden abwandern, für die Sie in einem überschaubaren Zeitraum neue Kunden gewinnen müssen. Zurück zu den Kosten. Es werden weitere Kosten auf Sie zukommen: Steuerberaterkosten, Ladenmiete, Energiekosten, Versicherungen und eventuell Lohnkosten. Bleiben wir beim Beispiel eines Juweliergeschäftes: Sie müssen mit hohen Versicherungsprämien für den präventiven Diebstahlschutz rechnen. Sie benötigen eine professionelle Alarmanlage, einen Tresor mit hoher Zertifizierung für Ihre Waren, Überwachungskameras, einbruchsichere Türen und Schaufenster sowie Vitrinen aus Panzerglas, Büroausstattung und vieles mehr. Nicht zu vergessen die Ware selbst, bestehend aus hochwertigem Schmuck. Ferner müssen diverse Werkzeuge zur Schmuckbearbeitung angeschafft werden. Auch die Abschreibungskosten sind nicht unerheblich. Ich gehe davon aus, dass Sie wissen, was Abschreibungskosten sind? Wenn nicht, lesen Sie meine folgende Erklärung:

Abschreibungskosten sind Aufwendungen, die ein Unternehmen zur Berücksichtigung des Wertverlustes von Vermögensgegenständen tätigt. Diese Kosten entstehen bei der Nutzung von Anlagevermögen, das über einen längeren Zeitraum genutzt wird und somit im Laufe der Zeit an Wert verliert.

Die Abschreibungskosten werden in der Buchhaltung als Betriebsausgaben erfasst und mindern somit den Gewinn des Unternehmens. Die Abschreibung wird dabei in der Regel über die Nutzungsdauer des Vermögensgegenstands verteilt und jedes Jahr als Teilbetrag gleich als Aufwand gebucht.

Es gibt verschiedene Methoden zur Berechnung der Abschreibungskosten, wie beispielsweise die lineare Abschreibungsmethode bei der, der Verlust jedes Jahr in gleichen Beträgen berücksichtigt wird, oder die degressive Abschreibungsmethode bei der die Abschreibungsbeträge in den ersten Jahren höher sind und später sinken.

Abschreibungskosten sind also ein wichtiger Bestandteil der Buchhaltung und tragen dazu bei, den tatsächlichen Wert des Anlagevermögens eines Unternehmens aufzuzeigen und den Gewinn korrekt zu ermitteln. Sie haben eine Überwachungsanlage zum Preis von 5.000,00 Euro gekauft und möchten diese über 5 Jahre linear abschreiben. Nach einem Jahr ist Ihre Anlage nur noch 4.000,00 Euro wert. Nach 2 Jahren nur noch 3.000,00 Euro und so weiter. Sie haben also jedes Jahr Kosten von 1.000,00 Euro. Ich wollte Ihnen nur einmal vor Augen führen, wo überall Kosten lauern.

Ich habe vor vielen Jahren Betriebswirtschaftslehre studiert, und angesichts dessen höre ich jetzt lieber auf, mich in dieses Fach zu vertiefen. Einen Steuerberater brauchen Sie auf jeden Fall, um den kommt kaum ein Unternehmer herum. Allein mit meinen BWL-Beispielen könnte ich ein dickes Buch füllen, aber das würde hier zu weit führen und kann auch nicht weiter ausgeführt werden, da ich Ihnen hier nur kleine fiktive Fallbeispiele eines Juweliergeschäftes vorstelle. Einzelne Vorschriften, Verordnungen usw., die sich direkt auf Ihr zukünftiges oder natürlich auch auf Ihr bestehendes Gewerbe beziehen, müssen Sie an der für Sie zuständigen Stellen erfragen und gegebenenfalls beantragen. Ansprechpartner für betriebliche Belange sind Handwerkskammern sowie Industrie- und Handelskammern.

Ich möchte noch kurz auf eine Sonderform der Abschreibung eingehen. Die GWG. Die Abschreibung von geringwertigen Wirtschaftsgütern (GWG) ist eine besondere Regelung im deutschen Steuerrecht, die es erlaubt, Anschaffungen von Wirtschaftsgütern bis zu einem Wert von 800,00 Euro im Jahr sofort als Betriebsausgabe abzuschreiben, anstatt diese über die Nutzungsdauer des Wirtschaftsgutes linear abzuschreiben.

Die Abschreibungsreglung von 800,00 Euro netto gilt für materielle als auch immaterielle Wirtschaftsgüter. Für Wirtschaftsgüter mit einem höheren Wert müssen allerdings die üblichen Abschreibungsregeln angewendet werden.

Es ist wichtig zu beachten, dass diese Regelung nur für Unternehmen und Selbstständige gilt, nicht für Privatpersonen. Zudem müssen die geringwertigen Wirtschaftsgüter tatsächlich im Jahr der Anschaffung vollständig bezahlt und in Betrieb genommen werden.

Bei der Buchung von GWG als Betriebsausgabe ist es wichtig, dass die Ausgaben im Rahmen der Gewinnermittlung ordnungsgemäß erfasst werden. Hierzu gehört auch die genaue Dokumentation der Anschaffungskosten sowie des Zeitpunkts der Anschaffung.

Noch ein Tipp zur Existenzgründung von mir: Die HWK hat früher eine kostenlose Betriebsberatung für Existenzgründer angeboten, ob das heute noch so ist, kann ich nicht mit Sicherheit sagen. Ich selbst habe das Angebot auch vor vielen Jahren in Anspruch genommen, als ich mich zum ersten Mal mit einer Tankstelle selbstständig gemacht habe. Die HWK beschäftigte Betriebswirte, die mit den Ratsuchenden eine Kostenanalyse, eine Standortanalyse und andere betriebswirtschaftlich relevante Themen erarbeitet haben. Das war aber nur eine Beratung. Die Entscheidung lag immer bei den Gründern.

Sie haben alles durchdacht, ausgearbeitet und wollen nun endlich Ihr Gewerbe anmelden. Denken Sie daran, dass Sie bei der Anmeldung Ihres Juweliergeschäftes, das zu den überwachungsbedürftigen Gewerben zählt, vorher ein polizeiliches Führungszeugnis beantragen müssen.

Haben Sie Hilfe? Freunde, Verwandte, die Ihnen unter die Arme greifen. Sie werden Hilfe brauchen. Vielleicht müssen Sie den Laden umgestalten. Die Geschäftsräume müssen gestrichen werden. Die Einrichtung muss aufgebaut und dekoriert werden. Manchmal müssen spezielle Einrichtungsgegenstände gebaut und montiert werden.

Vor einigen Jahren war ich damit beauftragt worden, ein Juweliergeschäft gemäß den strengen

Sicherheitsanforderungen der Versicherung zu sichern. Eine der Maßnahmen bestand darin, die Eingangstür so zu modifizieren, dass Kunden nicht ohne Weiteres das Geschäft betreten konnten. Sie mussten zuerst eine Klingel betätigen, um dem Ladeninhaber Gelegenheit zu geben, zu identifizieren, wer Einlass begehrte. Zu diesem Zweck montierte ich einen Druckknopf an der Theke, den der Ladenbesitzer betätigen musste, um die Tür zu öffnen. Erst dann war es den Kunden möglich, das Geschäft zu betreten. Selbstverständlich baute ich die Tür in Übereinstimmung mit allen Sicherheitsvorschriften als Fluchttür um, damit sich Personen im Laden im Falle einer Gefahr schnell und sicher durch Betätigung des Türdrückers aus dem Laden begeben konnten.

Durch meine regelmäßigen Montageeinsätze bei Kunden konnte ich stets vertrauensvolle und stabile Kundenbeziehungen aufbauen. Das Vertrauen in meine Arbeit und meine Person wurde tief verwurzelt und ich bin davon überzeugt, dass die Kunden auch in Zukunft auf meine Kompetenz bei technischen Problemen vertrauen werden. Folglich habe ich fast durchgehend eine nachhaltige Kundenbindung geschaffen und somit erfolgreich mein Ziel erreicht.

An dieser Stelle möchte ich eine Warnung aussprechen. Kennen Sie das Sprichwort? Wer nichts wird, wird Wirt. Übertragen Sie diese metaphorische Redewendung auf keinen Fall auf Ihr zukünftiges Unternehmen. Wenn Sie so oder so ähnlich denken, sollten Sie den Traum von der Selbstständigkeit lieber gleich aufgeben. Der Misserfolg wäre vorprogrammiert.

Doch zurück zum Ernst des Lebens. Wenn Sie Ihr Unternehmen zum Erfolg führen möchten, benötigen Sie eine unerschütterliche Leidenschaft und Hingabe. Ihr ganzes Herzblut muss in Ihre Vision fließen, um diese Wirklichkeit werden zu lassen. Es ist mein größter Wunsch, dass Sie einen Partner oder eine Partnerin an Ihrer Seite haben, der oder die Sie bedingungslos unterstützt und versteht, dass Urlaub und andere

Nebensächlichkeiten in den Hintergrund treten müssen, um gemeinsam das Ziel zu erreichen. Nur so werden Sie die Kraft und Ausdauer haben, um Hindernisse zu überwinden und letztlich zu triumphieren. Bündeln Sie also all Ihre Energie, um Ihr Unternehmen zum Durchbruch zu verhelfen!

Gerade fällt mir ein alter Schlager ein von der Sängerin Monica Morell: Später, wann ist das, hab ich ihn gefragt, er hat nur gelacht und hat später gesagt.

Das Lied ist zwar sehr pessimistisch, inspiriert aber, dass man darüber mal nachdenkt.

Die Angst und Ungewissheit bleiben

So geht's auch! Sie haben Ihre finanzielle Sicherheit, da Sie in fester Arbeit sind. Sie sind aber unzufrieden, träumen von einer Selbstständigkeit, niemand soll Ihnen mehr Vorschriften machen, was Sie wann und wo zu tun haben.

Wenn da nicht die Angst wäre, zu scheitern, finanziell und fachlich. Sie liegen des Nachts wach und grübeln. Habe ich es wirklich drauf und packe das?

Meiner Meinung nach sind diese Sorgen auch nicht unberechtigt.

Zwischendurch habe ich mich an chat.openai gewandt und mal um ein paar Informationen zum Scheitern von Firmengründern gefragt. Jedoch habe ich Ihnen am Ende des Kapitels noch ein paar Tipps genannt, die das Risiko zu scheitern minimieren und Ihnen die finanzielle Sicherheit, die Ihnen Ihr jetziger Job bietet, zu behalten.

Frage an Chat.openai: Weißt Du wie viele Firmengründer in Deutschland in den ersten zwei Jahren aufgeben müssen? Und was sind meistens die Gründe dafür?

Antwort: Laut einer Studie des Instituts für Mittelstandsforschung (IfM) Bonn aus dem Jahr 2017 überleben rund 70 Prozent der neu gegründeten Unternehmen in Deutschland die ersten fünf Jahre. Es ist anzunehmen, dass die Quote derer, die in den ersten beiden Jahren aufgeben müssen, etwas höher liegt. Die Gründe für das Scheitern von Unternehmensgründungen können vielfältig sein. Hier sind einige häufige Faktoren, die zum Scheitern beitragen können:

Mangelnde Rentabilität: Ein Unternehmen benötigt ausreichende Einnahmen, um seine Kosten zu decken und Gewinne zu erzielen. Wenn dies nicht der Fall ist, kann das Unternehmen finanzielle Schwierigkeiten haben und letztendlich aufgeben müssen.

Unzureichende Kapitalausstattung: Viele Startups und Gründer haben Schwierigkeiten, ausreichende finanzielle Ressourcen zu sichern, um ihr Unternehmen über die kritische Anfangsphase hinwegzubringen. Eine unzureichende Kapitalausstattung kann zu Engpässen führen und das Überleben des Unternehmens gefährden.

Fehlende Marktnachfrage: Es ist wichtig, dass ein Unternehmen ein Produkt oder eine Dienstleistung anbietet, die auf dem Markt nachgefragt wird. Wenn es keinen ausreichenden Bedarf oder Wettbewerb gibt, kann das Unternehmen Schwierigkeiten haben, Kunden anzuziehen und Umsätze zu generieren.

Fehlende Geschäftserfahrung: Viele Gründer haben möglicherweise eine gute Idee, aber es fehlt ihnen an Erfahrung im Bereich der Unternehmensführung. Mangelndes Wissen über Geschäftsstrategien, Finanzmanagement, Marketing oder Personalführung kann zu Problemen führen.

Schlechtes Management: Ein ineffektives Management kann das Wachstum und die Rentabilität eines Unternehmens beeinträchtigen. Probleme in der Unternehmensführung, schlechte Entscheidungsfindung und mangelnde Anpassungsfähigkeit können das Überleben des Unternehmens gefährden.

Fehlende Kundenakquise: Die Gewinnung von Kunden ist für jedes Unternehmen von entscheidender Bedeutung. Wenn es nicht gelingt, genügend Kunden zu gewinnen und zu halten, kann das Unternehmen Schwierigkeiten haben, langfristig erfolgreich zu sein. Es ist wichtig anzumerken, dass die Gründe für das Scheitern eines Unternehmens von Fall zu Fall unterschiedlich sein können. Jede Unternehmensgründung ist einzigartig, und verschiedene Faktoren können zum Erfolg oder Misserfolg beitragen.

Soweit die Antwort von chat.openai. Vieles wiederholt sich auch, denn auf die einzelnen Punkte bin ich ja schon in diesem Buch eingegangen. Ich denke, trotzdem ist das für Sie interessant, mal eine Analyse von KI zu dem Thema zu lesen.

Mein ermutigender Tipp: Warum nicht mit einem Kleingewerbe starten? Behalten Sie Ihre feste Anstellung und bauen Sie Schritt für Schritt Ihr eigenes Unternehmen auf, um später, wenn alles gut läuft, als Vollzeit-Selbstständiger durchzustarten. Allerdings sollten Sie aufpassen! Wenn Sie noch woanders als Angestellter arbeiten, müssen Sie Ihre Selbstständigkeit von Ihrem derzeitigen Arbeitgeber genehmigen lassen. Es gibt Gründe, die gegen Ihre Selbstständigkeit sprechen und die von Ihrem Chef untersagt werden können. Beispielsweise, wenn Sie als Fahrer bei einem Busunternehmen tätig sind und sich als Taxifahrer selbstständig machen wollen, könnte das als Konkurrenz angesehen werden. In diesem Fall wird Ihr Chef sicherlich nicht einverstanden sein. Aber wenn Sie ihm sagen, dass Sie einen Gemüseladen eröffnen und Ihre Mutter als Verkäuferin einstellen möchten, wird er wahrscheinlich nichts dagegen haben. So behalten Sie vorerst Ihren festen Job und somit Ihr Einkommen. Wenn Sie später merken, dass Ihr eigenes Unternehmen gut läuft, können Sie Ihren Chef fragen, ob eine Teilzeitbeschäftigung infrage kommt. Auf diese Weise können Sie mehr Zeit in Ihrem Unternehmen verbringen und allmählich weiter ausbauen, bis Sie sicher sind, dass es läuft. Dann können Sie Ihren Job an den Nagel hängen und sich voll auf Ihr eigenes Unternehmen konzentrieren.

Die Werbung

Kundengewinnung durch Werbung ist ein bedeutender
Aspekt des Marketings und bezieht sich auf den Einsatz
von Werbemaßnahmen, um potenzielle Kunden auf ein
Unternehmen aufmerksam zu machen und sie zum Kauf
von Produkten und Dienstleistungen zu bewegen. Im
Folgenden sind einige wichtige Betrachtungsweisen der
Kundengewinnung durch Werbung aufgeführt.

    1. Zielgruppenanalyse: Um Werbung effektiv zu
gestalten, ist es wichtig zu wissen, wer die Zielgruppe ist.
Eine gründliche Zielgruppenanalyse kann helfen, die
richtigen Werbemaßnahmen zu entwickeln, um das
Interesse der potenziellen Kunden zu wecken.
    2. Werbebotschaft: Eine überzeugende und klare
Botschaft ist entscheidend, um die entsprechende
Kundschaft anzusprechen. Die Botschaft sollte die
Vorteile des Produkts oder der Dienstleistung
hervorheben und die Bedürfnisse der Zielgruppe
abdecken.
    3. Kanäle: Es gibt verschiedene Kanäle, über die
Werbung verbreitet werden kann: Fernsehen, Radio,
Printmedien, Online-Werbung und Social Media. Die
Wahl des richtigen Kanals hängt von den Interessenten
und der Art der Botschaft ab.

4. Budget: Das Budget für Werbung kann je nach den verwendeten Kanälen und der Größe der Zielgruppe stark variieren. Wer sein Budget sinnvoll einsetzt, wird die größtmögliche Effektivität und Effizienz erzielen. 5. Erfolgskontrolle: Um herauszufinden, welche Maßnahmen am effektivsten waren, sollte man den Erfolg der Werbemaßnahmen messen und analysieren. Dazu können verschiedene Kennzahlen wie z.b. Klickrate, Konversionsrate oder Umsatz herangezogen werden. Insgesamt ist die Kundengewinnung durch Werbung ein wichtiger Bestandteil des Marketing-Mix. Durch gezielte Planung und Umsetzung können Unternehmen ihren Bekanntheitsgrad steigern, ihr Image verbessern und letztendlich mehr Umsatz generieren. Aus eigener Erfahrung plädiere ich für eine vernünftige Homepage als Hauptwerbeplattform. Sie kostet nicht viel und kann immer wieder den aktuellen Gegebenheiten und Bedürfnissen angepasst werden. Auch Visitenkarten sind eine preiswerte Werbemöglichkeit. Man kann sie am Computer selbst gestalten und günstig drucken lassen. Meine Visitenkarten drucken meistens Firmen, die ihre Dienstleistungen auf großen Internetplattformen anbieten. Damit war ich bisher immer sehr zufrieden. Auch für die Gestaltung der Visitenkarten sollte man sich Zeit nehmen. Lassen Sie die Visitenkarten nach dem Entwurf von Freunden, Bekannten und Familienmitgliedern begutachten. Fragen Sie nach ihrer Meinung. Betriebsblindheit ist ein normales Phänomen, man sieht die eigenen Fehler nicht, weil man glaubt, alles im Griff zu haben und alles richtig zu machen. Einmal gedruckte Visitenkarten können nicht wie eine Homepage geändert werden, sondern müssen komplett neu gedruckt werden, was wiederum mit Kosten und Zeitaufwand verbunden ist.

Mein Favorit neben der Werbung auf der eigenen Homepage ist die Fahrzeugwerbung, viele Unternehmen geben viel Geld für Werbung auf fremden Fahrzeugen aus, z. B. auf Taxis, Bussen und Bahnen, da man ja wahrscheinlich selbst ein Fahrzeug besitzt, sollte man

dieses auch als Werbeträger nutzen. Eine billigere
Werbung gibt es meiner Meinung nach kaum, außer
Mundpropaganda. Sie haben nur die einmaligen Kosten
für die Beschriftung.

Wer ausnahmsweise inkognito fahren will, sollte
sich Magnetfolien besorgen, denn die kann man
abnehmen, im Kofferraum verstauen und später wieder
am Fahrzeug anbringen.

Zeitungswerbung ist meiner Meinung nach nicht
mehr zeitgemäß und trotzdem immer noch zu teuer.
Die Verteilung von Flyer hat fast den gleichen
Effekt wie Zeitungswerbung. Wenn ein Handwerker einen
Notdienst braucht, hat der Kunde den Flyer sowieso
nicht zur Hand. Flyerwerbung ist vielleicht noch ein
Mittel, um sich allgemein im Ort bekannt zu machen. Ich
meine, wenn sie ein Geschäft neu eröffnet haben, dann
können sie natürlich erst einmal vor Ort mit ihrem Flyer
Werbung machen. Die Nachbarschaft, die soll ja wissen,
was sie in ihrem neuen Geschäft anbieten.

Früher wurden Telefonbücher als Werbeplattform
genutzt, vor allem die Gelben Seiten. Diese waren sehr
begehrt, aber auch sehr teuer. Da jedes Jahr neue
Telefonbücher herauskamen, musste man sich jedes
Jahr neu präsentieren und neu bezahlen. Heute nutzt
man das digitale Telefonbuch im Internet.

Die schwarzen Schafe in der Notdienstbranche,
die lassen sich Aufkleber drucken und gehen von Haus
zu Haus und kleben die an die Tür. Davon kann ich nur
abraten, das ist sogar Sachbeschädigung und kann teuer
werden. Also Finger weg von privaten und öffentlichen
Einrichtungen.

Machen Sie gute Arbeit und seien Sie immer
freundlich, offen und zuvorkommend zu Ihren Kunden,
dann kommen die Aufträge bald von selbst.

Handwerkskonzessionsträger

Als Handwerksmeister besteht die Möglichkeit, als Konzessionsinhaber für andere tätig zu sein. Das bedeutet, man kann entweder einen Handwerksbetrieb als Angestellter führen oder als selbstständiger Unternehmer arbeiten. Um diese Tätigkeit ausüben zu dürfen, ist eine Handwerkskonzession erforderlich, die in der Regel einen Meistertitel, Techniker oder Ingenieur voraussetzt. Diese Konzession wird von der zuständigen Handwerkskammer erteilt und ermöglicht es dem Inhaber, ein Handwerk eigenständig auszuführen oder in einem entsprechenden Betrieb tätig zu sein. Die Handwerkskonzession ist somit die Genehmigung, die den Inhaber dazu befähigt, handwerkliche und auch administrative Tätigkeiten nachzugehen.

Die Handwerkskonzession ist in Deutschland gesetzlich geregelt und dient dazu, die Qualität handwerklicher Leistungen abzusichern und Verbraucher vor Pfusch und Schäden zu schützen. Um eine

Handwerkskonzession zu erhalten, muss man bestimmte fachliche Qualifikation nachweisen und gegebenenfalls eine Meisterprüfung ablegen.

Als Inhaber einer Handwerkskonzession ist man verpflichtet, die in der Konzession festgelegten Bedingungen und Auflagen zu erfüllen. Dies können unter anderem Anforderungen an die fachliche Qualifikation, die Verwendung bestimmter Materialien oder die Einhaltung von Arbeitsschutzbestimmungen sein. Insgesamt ist die Handwerkskonzession ein Instrument zur Qualitätssicherung und zum Verbraucherschutz im Handwerk. Handwerksmeister, die als Konzessionsinhaber auftreten, tragen dazu bei, dass handwerkliche Leistungen auf hohem Niveau erbracht werden und der Verbraucher sich auf eine fachgerechte Ausführung verlassen kann.

Wie Sie sicherlich schon mitbekommen haben, bin ich ein Kfz-Meister mit einer bewegten Vergangenheit. Vor mehr als 20 Jahren habe auch ich meinen Kopf und meinen Meistertitel für eine Motorradwerkstatt hingehalten. Ich hatte einen 400,00-Euro-Job in einer Motorradwerkstatt angenommen und dachte, es ist doch ganz nett, sich für wenig Zeitaufwand etwas dazu zu verdienen. Aber da haben wir, der Werkstattbesitzer und ich, die Rechnung ohne die Handwerkskammer gemacht. Man warf uns vor, ein Scheingeschäft zu betreiben, denn nach einem Jahr führte die Handwerkskammer eine Betriebsprüfung durch und stellte fest, dass ich zu wenig Zeit in der Werkstatt verbrachte. Man schlug mir vor, eine Vollzeitstelle in diesem Betrieb anzunehmen oder alternativ, mit dem Unternehmer eine GbR zu gründen und dann einzusteigen. Eine Vollzeitstelle wollte ich nicht und eine GbR war mir zu gefährlich, da ich mit meinem Privatvermögen auch für die Motorradwerkstatt hätte haften müssen.

Nach einem Jahr trennten sich unsere Wege und ich weiß bis heute nicht, was aus der Werkstatt und dem

Betreiber geworden ist. Rückblickend gebe ich der Handwerkskammer recht und sehe meine damalige Naivität in einem anderen Licht.

Lohnnebenkosten

Ich habe mich an chat.openai gewandt, um einen umfassenden Überblick über die Lohnnebenkosten in Deutschland zu erhalten. Ich konzentrierte mich auf die prozentualen Anteile, um Ihnen, liebe Leserinnen und Leser, eine klare Vorstellung davon zu geben, welche Kosten auf Sie als Arbeitnehmer und welche auf die Arbeitgeber zukommen.

Die Lohnnebenkosten in Deutschland variieren je nach Art der Beschäftigung und anderen Faktoren. Im Allgemeinen setzen sich die Lohnnebenkosten aus verschiedenen Komponenten zusammen, die einen Prozentsatz des Bruttoarbeitsentgelts ausmachen. Hier ist eine grobe Aufschlüsselung der gängigsten Lohnnebenkosten:

1. Sozialversicherungsbeiträge: Arbeitgeber und Arbeitnehmer teilen sich die Kosten der Sozialversicherung. Die Beiträge werden auf das Bruttoarbeitsentgelt des Arbeitnehmers berechnet und beinhalten die folgenden Prozentsätze:

- Krankenversicherung: Der Beitragssatz zur Krankenversicherung beträgt derzeit 14,6 %. Davon trägt der Arbeitgeber in der Regel die Hälfte, also 7,3 %.

- Pflegeversicherung: Der Beitragssatz zur Pflegeversicherung liegt bei 3,05 % bzw. 3,3 % (für Kinderlose ab 23 Jahren). Arbeitgeber und Arbeitnehmer teilen sich den Beitrag jeweils zur Hälfte.

- Rentenversicherung: Die Höhe des Beitragssatzes zur gesetzlichen Rentenversicherung lautet derzeit über 18,6%. Auch hier teilen sich Arbeitgeber und Arbeitnehmer den Beitrag je zur Hälfte.

2. Arbeitslosenversicherung: Der Beitrag zur Arbeitslosenversicherung beträgt derzeit 2,4 %. Arbeitgeber und Arbeitnehmer tragen den Beitrag je zur Hälfte.

3. Unfallversicherung: Der Arbeitgeber trägt die Kosten für die Unfallversicherung. Der Beitragssatz variiert je nach Berufsgruppe und wird in Promille

berechnet. Die Höhe der Beiträge kann daher unterschiedlich ausfallen.

Bitte beachten Sie, dass dies nur eine allgemeine Übersicht über die Lohnnebenkosten in Deutschland ist. Es gibt weitere Faktoren und mögliche Abweichungen, die je nach individuellen Umständen und Tarifverträgen variieren können. Es ist immer ratsam, aktuelle Informationen von den zuständigen Behörden oder Experten einzuholen, um genaue Zahlen und Details zu erhalten.

Berufsgenossenschaft

Die Berufsgenossenschaft (BG) ist eine beherrschende Instanz in Deutschland, die als einer der gesetzlichen Unfallversicherungsträger fungiert. Ihr Ziel ist es, die Sicherheit und Gesundheit am Arbeitsplatz zu gewährleisten und die Konsequenzen von Arbeitsunfällen sowie Berufskrankheiten zu mildern.

Jedes Unternehmen, dass Mitarbeiter angestellt hat, muss der BG beitreten und entsprechende Beiträge entrichten. Diese werden abhängig von der Anzahl der Mitarbeiter berechnet.

Kleinunternehmer ohne Mitarbeiter sind von der Mitgliedschaft befreit. Allerdings kann sich der Unternehmer freiwillig selbst versichern lassen.

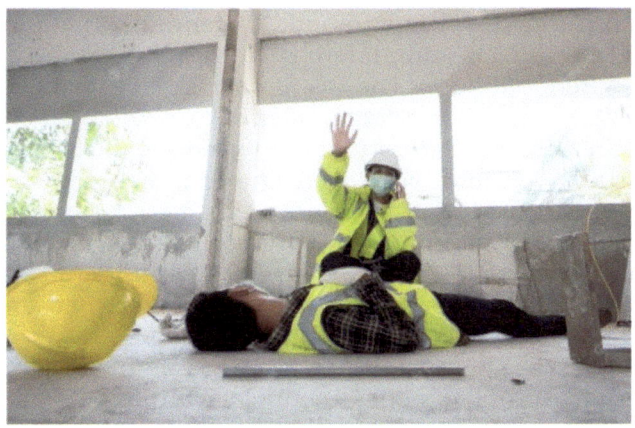

Sie müssen sich oder Ihre Mitarbeiter bei einer Berufsgenossenschaft anmelden, Sie wissen aber nicht, welche BG Sie angehören? Dann rufen Sie einfach irgendeine BG an, man wird Ihnen die richtige benennen können.

In der Regel übernimmt die Anmeldung bei der BG in großen Betrieb das Personalmanagement, ansonsten der Steuerberater.

Es gibt insgesamt mehrere Berufsgenossenschaften. Folglich mal eine Auswahl.

1. (BG Bau) Bauwirtschaft. 2. (BG ETEM) Energie Textil Elektro Medienerzeugnisse. 3. (BGHM) Holz und Metall. 4. (BGHW) Handel und Warenlogistik. 4. (BGN) Nahrungsmittel und Gastgewerbe.

Die Aufgaben der Berufsgenossenschaften sind vielfältig und umfassen unter anderem:

Prävention: Eine der Hauptaufgaben besteht darin, Maßnahmen zur Unfallverhütung und zur Verbesserung der Arbeitsbedingungen zu entwickeln und umzusetzen. Die BG unterstützt Unternehmen bei der Einhaltung von Arbeitsschutzvorschriften und bietet Schulungen und Beratungen an.

Versicherung: Die Berufsgenossenschaften sind Träger der gesetzlichen Unfallversicherung. Sie sind für die finanzielle Absicherung von Arbeitsunfällen und Berufskrankheiten zuständig und übernehmen die Kosten für medizinische Behandlungen, Rehabilitation, Rentenzahlungen und andere Leistungen.

Rehabilitation: Die BG fördert die berufliche Rehabilitation von verletzten oder erkrankten Versicherten. Sie unterstützt die Wiedereingliederung in die Arbeitswelt und bietet medizinische, therapeutische und berufliche Maßnahmen an.

Forschung und Entwicklung: Die Berufsgenossenschaften betreiben Forschung und Entwicklung auf dem Gebiet der Arbeitssicherheit und des Gesundheitsschutzes. Sie analysieren Unfallursachen, entwickeln Präventionsmaßnahmen und fördern den Einsatz neuer Technologien und Arbeitsmethoden.

Positive Aspekte der Berufsgenossenschaften sind: Sicherheit am Arbeitsplatz: Durch ihre präventiven Maßnahmen tragen die Berufsgenossenschaften dazu bei, die Arbeitsbedingungen zu verbessern und Unfälle sowie Berufskrankheiten zu verhindern.

Finanzielle Absicherung: Die BG übernimmt die Kosten für medizinische Behandlungen, Rehabilitation und andere Leistungen im Falle eines Arbeitsunfalls oder einer Berufskrankheit. Dadurch werden Versicherte vor finanziellen Belastungen geschützt.

Beratung und Unterstützung: Die Berufsgenossenschaften bieten Unternehmen und Versicherten umfassende Beratung und Unterstützung in Fragen des Arbeitsschutzes, der Rehabilitation und der Wiedereingliederung.

Negative Aspekte der Berufsgenossenschaften könnten sein:

Bürokratie: Manche Unternehmen empfinden den administrativen Aufwand im Zusammenhang mit den Berufsgenossenschaften als belastend.

Beitragshöhe: Die Beiträge, die Unternehmen an die Berufsgenossenschaften entrichten müssen, können als finanzielle Belastung wahrgenommen werden, insbesondere für kleine und mittlere Unternehmen.

Verzögerungen bei Leistungen: In manchen Fällen kann es zu Verzögerungen bei der Bearbeitung von Leistungsanträgen kommen, was für die Versicherten frustrierend ist.

Die Gewerkschaften

Auch zum Thema Gewerkschaft habe ich mich an chat.openai gewandt.

Meine Frage lautete:
Kannst du mir sagen, welche Gewerkschaften es in Deutschland gibt und welche Vor- und Nachteile es hat, Gewerkschaftsmitglied zu sein?

Antwort: In Deutschland gibt es eine Vielzahl von Gewerkschaften, die die Interessen der Arbeitnehmer vertreten. Hier sind einige der größten Gewerkschaften in Deutschland:

Gewerkschaft Nahrung-Genuss-Gaststätten (NGG)
Gewerkschaft Verdi (Vereinte Dienstleistungsgewerkschaft)
Gewerkschaft Erziehung und Wissenschaft (GEW)
Industriegewerkschaft Bergbau, Chemie, Energie (IG BCE)
Industriegewerkschaft Metall (IG Metall)
Gewerkschaft der Polizei (GdP)
Eisenbahn- und Verkehrsgewerkschaft (EVG)
Es gibt jedoch noch viele weitere Gewerkschaften, die in verschiedenen Branchen und Berufen aktiv sind.

Vorteile einer Gewerkschaftsmitgliedschaft:
Kollektive Verhandlungsmacht: Als Mitglied einer Gewerkschaft hast du die Möglichkeit, deine Arbeitsbedingungen, Löhne und Sozialleistungen gemeinsam mit anderen Arbeitnehmern zu verbessern. Gewerkschaften verhandeln im Namen ihrer Mitglieder mit Arbeitgebern und können bessere Tarifverträge aushandeln.

Rechtsschutz: Gewerkschaften bieten ihren Mitgliedern Rechtsberatung und Rechtsschutz in arbeitsrechtlichen Angelegenheiten. Bei Streitigkeiten mit dem Arbeitgeber stehen Gewerkschaften ihren Mitgliedern zur Seite und vertreten ihre Interessen.

Sozialleistungen: Gewerkschaften setzen sich für bessere Sozialleistungen ein und bieten ihren Mitgliedern Unterstützung bei der Durchsetzung ihrer Ansprüche, beispielsweise bei der Renten-, Kranken- oder Arbeitslosenversicherung. Weiterbildung und Fortbildung: Gewerkschaften fördern Weiterbildungs- und Fortbildungsmaßnahmen. Dadurch haben Mitglieder die Möglichkeit, ihre beruflichen Fähigkeiten zu erweitern und ihre Karrierechancen zu verbessern.

Nachteile einer Gewerkschaftsmitgliedschaft: Mitgliedsbeiträge: Als Mitglied einer Gewerkschaft musst Du regelmäßig Beiträge zahlen. Diese können je nach Gewerkschaft und Einkommen unterschiedlich hoch sein.

Streiks und Arbeitskampfmaßnahmen: Gewerkschaften können zu Streiks und anderen Arbeitskampfmaßnahmen aufrufen, um ihre Forderungen durchzusetzen. Dies kann zu Arbeitsunterbrechungen und finanziellen Einbußen führen, sowohl für die Arbeitnehmer als auch für den Arbeitgeber.

Eingeschränkte Flexibilität: Gewerkschaften setzen sich oft für standardisierte Arbeitsbedingungen ein, die für alle Mitglieder gelten. Dies kann die individuelle Verhandlungsmacht beeinträchtigen und möglicherweise Einschränkungen bei Arbeitszeitmodellen oder anderen Vereinbarungen mit dem Arbeitgeber bedeuten.

Es ist wichtig zu beachten, dass die Vor- und Nachteile einer Gewerkschaftsmitgliedschaft von individuellen Umständen und Präferenzen abhängen. Einige Arbeitnehmer schätzen die Unterstützung und den Schutz, den Gewerkschaften bieten.

Arbeitsvertrag und Kündigungsfristen

Auch hier half mir chat.openai weiter.
Kannst du mir bitte wichtige Details über
Arbeitsverträge sagen? Was gehört in einem
Arbeitsvertrag und was darf nicht hinein?
Dann vielleicht noch ein paar Details über
Kündigungsfristen?

Antwort: Ein Arbeitsvertrag ist ein rechtliches Dokument,
das die Bedingungen und Vereinbarungen zwischen
einem Arbeitgeber und einem Arbeitnehmer festlegt. Es
gibt bestimmte Informationen, die normalerweise in einen
Arbeitsvertrag aufgenommen werden, während andere
Aspekte möglicherweise nicht enthalten sein dürfen. Hier
sind einige wichtige Details:

Grundlegende Informationen: Der Arbeitsvertrag
sollte den Namen und die Adresse des Arbeitgebers sowie
des Arbeitnehmers enthalten. Es sollte auch das Datum
des Vertragsabschlusses angegeben werden.

Beschäftigungsdetails: Der Arbeitsvertrag sollte
Angaben zur Position, zur Beschäftigungsdauer (befristet
oder unbefristet) und zur Arbeitszeit enthalten, ebenso
Informationen über Schichtarbeit, flexible Arbeitszeiten
oder Teilzeitarbeit.

Vergütung: Der Vertrag sollte klare Angaben zur
Vergütung enthalten, einschließlich des Gehalts, der
Boni, der Überstundenregelung und der
Zahlungsmodalitäten (z.b. monatlich oder wöchentlich).
Arbeitsort: Der Arbeitsvertrag sollte den Arbeitsort oder
die Orte angeben, an denen der Arbeitnehmer tätig sein
wird. Es können auch Hinweise auf Dienstreisen oder die
Möglichkeit einer Versetzung hinterlegt sein.

Urlaub und Urlaubsanspruch: Der Arbeitsvertrag
sollte den Anspruch des Arbeitnehmers auf bezahlten
Urlaub festlegen und die Verfahren zur Beantragung und
Genehmigung von Urlaub regeln.

Krankheit und Krankheitsurlaub: Es sollte
klargestellt werden, wie der Arbeitnehmer im Falle von

Krankheit oder Verletzung zu verfahren hat und wie der Krankheitsurlaub geregelt ist.

Arbeitsleistung und Pflichten: Der Vertrag sollte die Aufgaben und Verantwortlichkeiten des Arbeitnehmers klar definieren. Es können auch Informationen über Arbeitsstandards, Verhaltenskodex und Vertraulichkeit aufgeführt sein.

Beendigung des Arbeitsverhältnisses: Der Vertrag sollte Informationen über Kündigungsfristen, Kündigungsmodalitäten und eventuelle Probezeiten vorsehen. Es können auch Bestimmungen über den Umgang mit Vertraulichkeitsinformationen nach Beendigung des Arbeitsverhältnisses vermerkt sein.

Was nicht in einen Arbeitsvertrag aufgenommen werden sollte, sind Klauseln oder Bedingungen, die gegen geltendes Recht verstoßen oder die Rechte des Arbeitnehmers unangemessen einschränken. Dazu gehören Diskriminierungsklauseln, unangemessene Wettbewerbsverbote oder Klauseln, die dem Arbeitnehmer einseitig zu viel Macht geben.

Kündigungsfristen legen fest, wie viel Vorlaufzeit sowohl der Arbeitgeber als auch der Arbeitnehmer geben müssen, wenn sie das Arbeitsverhältnis beenden möchten. Die genauen Kündigungsfristen können von Land zu Land und von Vertrag zu Vertrag unterschiedlich sein. Normalerweise sind die Kündigungsfristen im Arbeitsvertrag oder in einem anwendbaren Tarifvertrag festgelegt. Sie können je nach Beschäftigungsdauer des Arbeitnehmers gestaffelt sein. Es ist wichtig, die in Ihrem spezifischen Arbeitsvertrag festgelegten Kündigungsfristen zu überprüfen.

Das Arbeitszeugnis

Eine weitere Frage an chat.openai zum Arbeitszeugnis. Was gehört ins Arbeitszeugnis und was nicht? Natürlich kann ich dir Informationen zu Arbeitszeugnissen geben. Ein Arbeitszeugnis ist ein Dokument, das von einem Arbeitgeber ausgestellt wird, um die Leistung, das Verhalten und die Fähigkeiten eines Arbeitnehmers während seiner Beschäftigung zu bewerten. Es gibt bestimmte rechtliche Anforderungen und Konventionen, die in Bezug auf den Inhalt eines Arbeitszeugnisses gelten. Grundsätzlich sollte ein Arbeitszeugnis wahrheitsgemäß, objektiv und wohlwollend sein. Das bedeutet, dass der Arbeitgeber Informationen bereitstellen muss, die der Wahrheit entsprechen und keine bewussten Falschaussagen oder übertriebenen Lob beinhalten dürfen. Dennoch ist der Arbeitgeber nicht verpflichtet, alle positiven Aspekte der Arbeit des Mitarbeiters zu erwähnen. In der Regel wird erwartet, dass ein Arbeitszeugnis Informationen zu folgenden Punkten enthält:

Einleitung: Das Arbeitszeugnis sollte den vollständigen Namen des Mitarbeiters, seine Position und die Dauer der Beschäftigung angeben.

Aufgabenbeschreibung: Es sollte eine präzise Beschreibung der Aufgaben und Verantwortlichkeiten des Mitarbeiters während seiner Beschäftigung vorliegen.

Leistungsbeurteilung: Der Arbeitgeber sollte die Arbeitsleistung des Mitarbeiters bewerten und seine Stärken und Schwächen aufzeigen. Dabei werden oft standardisierte Formulierungen und Codes verwendet, die bestimmte Leistungsniveaus repräsentieren.

Verhalten und Zusammenarbeit: Das Arbeitszeugnis sollte Informationen über das Verhalten des Mitarbeiters gegenüber Kollegen, Vorgesetzten und Kunden enthalten. Hierbei wird auf die sozialen und kommunikativen Fähigkeiten, Teamarbeit und Konfliktlösung eingegangen.

Sonstige Fähigkeiten: Es können auch weitere Fähigkeiten und Kompetenzen des Mitarbeiters erwähnt werden, die für die jeweilige Position relevant sind. Das können z.b. Fachkenntnisse, Weiterbildungen oder besondere Leistungen sein.

Was ein Arbeitgeber nicht in ein Arbeitszeugnis aufnehmen darf, sind Formulierungen, die den Ruf oder die berufliche Zukunft des Arbeitnehmers schädigen könnten. Diskriminierende Aussagen, persönliche Angriffe oder Diffamierungen sind unzulässig. Zudem sollte ein Arbeitszeugnis keine Informationen enthalten, die nicht mit der beruflichen Leistung des Mitarbeiters zusammenhängen, wie beispielsweise Informationen über die politischen oder religiösen Ansichten des Mitarbeiters.

Es ist wichtig zu beachten, dass Arbeitszeugnisse in vielen Ländern, einschließlich Deutschland, rechtliche Bedeutung haben und Arbeitnehmer das Recht haben, ein wohlwollendes und qualifiziertes Zeugnis zu erhalten. Im Falle von Unstimmigkeiten oder Zweifeln an der Richtigkeit eines Arbeitszeugnisses können Arbeitnehmer rechtliche Schritte einleiten, um ihre Rechte zu schützen.

Zur Definition: Unternehmen, Firma, Betrieb

Wie zu Beginn des Buches angekündigt, werde ich einige wichtige Begriffe definieren, die oft verwechselt werden, weil sie nicht so geläufig sind oder nicht zugeordnet werden können.

Ein Unternehmen ist eine Organisation, die sich mit der Produktion oder dem Verkauf von Gütern oder Dienstleistungen befasst, die sich um das Personal kümmert und natürlich auch alle anderen administrativen Aufgaben übernimmt und in der Regel Gewinne erwirtschaftet.

Die Firma ist der eingetragene Name, unter dem das Unternehmen seine Geschäfte abwickelt.

Beispiele: Einzelunternehmen, GmbH, GbR usw.

Der Betrieb bezieht sich auf den täglichen Ablauf eines Unternehmens, insbesondere auf die Produktion oder die Erbringung von Dienstleistungen.

Firmierung

Bevor Sie sich in das aufregende Abenteuer der
Selbstständigkeit stürzen, sollten Sie sich Gedanken über
den Namen Ihres Unternehmens machen. Wenn Sie
alleiniger Inhaber sind, ist die Namensgebung einfach.
Sie können es nach Ihrem Familiennamen benennen.
Doch was ist, wenn Sie mit einem Partner oder einer
Partnerin zusammenarbeiten möchten? Eine Gesellschaft
bürgerlichen Rechts (GbR) ist eine Option, aber Vorsicht,
hier haften alle Gesellschafter mit ihrem persönlichen
Vermögen. Leider habe ich in meinem Freundeskreis oft
erlebt, dass solche Partnerschaften schnell scheitern, da
es zu Konflikten kommt und jeder seine eigenen
Vorstellungen von Unternehmensführung hat und mit
aller Gewalt durchsetzen will.

Eine Alternative könnte die Gründung einer
GmbH sein, aber bevor Sie sich für eine
Unternehmensform entscheiden, sollten Sie sich
ausführlich beraten lassen. Kompetente Ansprechpartner
sind hierbei Steuerberater, Handwerkskammer oder die
Industrie- und Handelskammer. Lassen Sie sich von
Experten beraten, um die richtige Wahl zu treffen und
langfristigen Erfolg zu sichern. Denn eins ist klar: Die
Wahl des Unternehmensnamens ist nur der erste Schritt
auf dem Weg zum Erfolg. Mit der richtigen Beratung und
Planung können Sie jedoch sicherstellen, dass Sie und
Ihr Partner oder Ihre Partnerin erfolgreich
zusammenarbeiten und Ihr Unternehmen aufblüht.
Vertrauen Sie auf die Expertise der Berater und setzen
Sie Ihre Ideen in die Tat um, denn der Weg in die
Selbstständigkeit ist ein aufregendes Abenteuer, das sich
lohnt!

Kleingewerberegelung

An dieser Stelle möchte ich noch kurz auf die Kleingewerberegelung eingehen. Die Kleingewerberegelung ist eine Sonderregelung im Steuerrecht, die für kleine Unternehmen gilt. Wenn ein Unternehmen die Voraussetzungen erfüllt, kann es von dieser Regelung profitieren und muss dann weniger Steuern zahlen.

In Deutschland ist die Kleingewerberegelung in § 19 Umsatzsteuergesetz (UStG) geregelt. Dort wird definiert, dass ein Unternehmen als Kleinunternehmer gilt, wenn es im Vorjahr einen Umsatz von höchstens 22.000 Euro erzielt hat und im laufenden Jahr voraussichtlich nicht mehr als 50.000 Euro Umsatz erreichen wird.

Gilt ein Unternehmen als Kleinunternehmen, muss es keine Umsatzsteuer ausweisen und keine Umsatzsteuervoranmeldungen abgeben. Allerdings darf es auch keine Vorsteuerbeträge aus Einkäufen geltend machen. Das bedeutet, dass die Umsatzsteuer, die das Unternehmen selbst zu entrichten hat, aus eigener Tasche bezahlt werden muss.

Für Unternehmen, die die Voraussetzungen der Kleingewerberegelung erfüllen, kann diese Regelung eine Vereinfachung darstellen, da sie weniger bürokratischen Aufwand haben und auch weniger Steuern zahlen müssen. In manchen Fällen kann es aber auch sinnvoller sein, auf die Kleingewerberegelung zu verzichten und sich als reguläres Unternehmen registrieren zu lassen, um Vorsteuerbeträge geltend machen zu können.

Unternehmensbewertung

Haben Sie schon einmal die Sendung >Höhle der Löwen< gesehen?

Die erste Frage, die die potenziellen Investoren stellen, ist immer, wie hoch die Bewertung des eigenen Unternehmens eingeschätzt wird. Auch wenn die sogenannten Löwen scheinbar Geld im Überfluss haben, wollen sie ihr Geld nicht in den Sand setzen.

Cashflow ist ein englischer Begriff und bedeutet Geldfluss (Cash = Geld, Flow = Fluss) oder Kapitalfluss. Er ist eine betriebswirtschaftliche Kennzahl, die alle zahlungswirksamen Ein- und Auszahlungen eines Unternehmens innerhalb eines Geschäftsjahres oder einer anderen Periode saldiert.

Die Unternehmensbewertung ist ein wichtiger Schritt bei der Entscheidung über den Kauf oder Verkauf eines Unternehmens, kann aber auch für steuerliche oder versicherungstechnische Zwecke oder zur Ermittlung des Aktienwertes für Investoren nützlich sein.

Es gibt verschiedene Methoden, um den Wert eines Unternehmens zu berechnen. Einige der gebräuchlichsten Methoden sind.

1. Discounted Cashflow-Methode (DCF-Methode): Diese Methode basiert auf der Schätzung des zukünftigen

Cashflows des Unternehmens und diskontiert diesen auf den heutigen Wert. Hierbei wird ein Wachstum angenommen, welches in der Regel durch historische Daten oder durch Prognosen gestützt wird. 2. Vergleichsmethode: Hierbei wird das Unternehmen mit ähnlichen Unternehmen in der gleichen Branche verglichen, um eine Bewertung abzuleiten. Dazu wird beispielsweise das Kurs-Gewinn-Verhältnis (KGV)oder das Umsatzmultiple herangezogen. 3. Ertragsmethode: Hierbei wird der Wert des Unternehmens auf der Grundlage der erwarteten zukünftigen Erträge berechnet. 4. Asset-Based-Methode: Hierbei wird der Wert des Unternehmens auf der Grundlage der Vermögenswerte berechnet, die das Unternehmen besitzt.

Es ist wichtig zu wissen, dass keine Methode perfekt ist und dass die Wahl der Methode von verschiedenen Faktoren abhängt, wie zum Beispiel der Branche, in der das Unternehmen tätig ist oder der Größe des Unternehmens.

Lassen Sie eine sorgfältige Due-Diligence-Prüfung durchführen, um die Finanzlage des Unternehmens zu verstehen und um sicherzustellen, dass alle relevanten Informationen berücksichtigt werden.

Einzelhandel-Großhandel-Vorsteuer-Umsatzsteuer-Mehrwertsteuer

Sie möchten sich mit einem Produkt selbstständig machen? Nehmen wir wieder das Beispiel des Schlüsselnotdienstes. Neben Ihrer Dienstleistung als Schlüsselnotdienst, bei der Sie für Ihre Kunden Türen, Autos, Tresore und Ähnliches öffnen, haben Sie ein Ladenlokal angemietet. Dort verkaufen Sie Schlüssel, Schlösser, Schutzbeschläge und Schließzylinder. Die Waren beziehen Sie vom Großhandel. Manch einer kennt vielleicht nicht den Unterschied zwischen Einzel- und Großhandel. Deshalb hier die Definition:

Im Einzelhandel werden Waren an den Endverbraucher verkauft. Beispiel: Sie kaufen beim Metzger ein Kilogramm Fleisch. Dann haben Sie das Fleisch im Einzelhandel gekauft. Oder Sie kaufen beim Juwelier eine Brosche für Ihre Frau zu Weihnachten, dann haben Sie auch diese Brosche im Einzelhandel gekauft. Die Gewinnspanne des Einzelhändlers ist die Differenz zum Einkauf beim Großhändler.

Der Großhändler kauft in großen Mengen ein. In der Regel beim Hersteller. Diese Waren werden nicht an den privaten Endverbraucher verkauft, sondern an den Einzelhandel (wie oben beschrieben). Wie sieht das steuerlich aus?

Vorsteuer, Mehrwertsteuer und Umsatzsteuer: Die Vorsteuer ist eine Umsatzsteuer und bezeichnet die Mehrwertsteuer, die ein Unternehmer auf seine Waren und Dienstleistungen zahlt. Diese gezahlte Vorsteuer wird später von der gezahlten Umsatzsteuer abgezogen. Die Begriffe stammen aus dem Umsatzsteuergesetz. Auf Waren, die beim Hersteller gekauft werden, zahlt der Großhandel derzeit 19 % Umsatzsteuer. Der Einzelhandel zahlt auf seine Einkäufe beim Großhandel ebenfalls 19 % Mehrwertsteuer. Die Differenz nennt man Vorsteuer. Der Kunde, der sein Fleisch beim Metzger bezahlt oder seine Brosche beim Juwelier kauft, zahlt natürlich wiederum 19 % Mehrwertsteuer auf seinen Kaufpreis. Der

Endverbraucher zahlt also immer die volle Mehrwertsteuer. Noch einmal anders ausgedrückt. Die Vorsteuer ist also die Vorauszahlung auf die Umsatzsteuer. Ich werde jetzt nicht weiter in die Materie einsteigen. Das gehört zum Steuerrecht, und da ich kein Steuerberater bin, muss ich jetzt auch damit aufhören. Ich denke aber, dass ich Ihnen mit meiner Zusammenfassung zu den genannten Themen einen Einblick in die Materie geben konnte.

Aktuelle Trends

In den vergangenen Jahren hat sich im Unternehmensbereich einiges getan, was Trends und Entwicklungen angeht. Hier sind einige der aktuellen Trends im Unternehmen.

1. Digitalisierung: Dabei reicht das Spektrum von der Verwendung von digitalen Werkzeugen wie CNC-Maschinen oder 3D-Druckern bis hin zur Online-Terminvergabe und der Nutzung von Sozial-Media-Kanälen.
2. Nachhaltigkeit: Immer mehr Kunden legen Wert auf Nachhaltigkeit durch umweltfreundlich hergestellte Produkte und Dienstleistungen.
Wie kann ein Handwerksbetrieb nachhaltig wirtschaften? Hier einige Tipps: Papier sparen, indem Rechnungen und andere Korrespondenz nach Absprache mit dem Kunden per E-Mail verschickt werden. Den Energieverbrauch senken, indem energieeffiziente Geräte angeschafft werden. Arbeitsabläufe optimieren. Durch Abfallvermeidung und Recycling. Dies sind nur einige Beispiele, aber die Möglichkeiten, nachhaltig zu produzieren und zu arbeiten, sind heute nahezu unbegrenzt.

3. Individualisierung: Kunden suchen heute vermehrt nach individuell gestalteten Produkten und Dienstleistungen, die genau auf ihre Bedürfnisse und Wünsche zugeschnitten sind. Handwerksbetriebe reagieren darauf, indem sie auf maßgeschneiderte Lösungen setzen, die den Kundenbedürfnissen entsprechen.

4. Multifunktionalität: Immer mehr Handwerksbetriebe bieten heute eine Vielzahl von Dienstleistungen an, um ihren Kunden ein breites Spektrum aufzuzeigen. So gibt es beispielsweise Schreinereien, die neben der Herstellung von Möbeln auch Bodenbeläge verlegen oder Fenster und Türen einbauen. Einige Schreinereien bieten neben ihrem Tagesgeschäft auch immer mehr Arbeiten als Schlüsselnotdienst an.

5. Digitaler Kundenservice: Die Digitalisierung ermöglicht es Handwerksbetrieben, ihren Kunden einen besseren Service zu bieten, indem sie zum Beispiel online verfügbare Angebote oder die Möglichkeit zur Onlineberatung und Terminvereinbarungen anbieten. Auch die Verwendung von Kunden-Apps oder digitalen Wartungsverträgen ist im Kommen.

6. Es werden immer mehr Online-Seminare angeboten. So ist eine neue Art von Kundengewinnung und Kundenbindung entstanden.

Diese Trends zeigen, dass sich das Berufsfeld ständig weiterentwickelt und sich den Bedürfnissen der Kunden anpasst.

Wie bereits erwähnt, spielt dabei die Digitalisierung eine wichtige Rolle, die es den Unternehmen ermöglicht, ihre Prozesse zu optimieren und den Kunden einen besseren Service zu bieten. Ebenfalls wie schon angesprochen, steigt gleichzeitig das Bewusstsein für Nachhaltigkeit und Umweltschutz, was ebenfalls zu neuen Lösungen und Angeboten in den Unternehmen führt.

Freie Berufe

1. Der Unternehmensberater

Jeder darf sich Unternehmensberater nennen. Der Unternehmensberater, auch Betriebsberater oder Consultant genannt, benötigt kein anerkanntes Diplom.

Ich beginne mit einem Beispiel, das mich veranlasst hat, Ihnen diesen Beruf vorzustellen.

Ein Mann betrat unaufgefordert mein Geschäft, stellte sich als Unternehmensberater vor und bot mir seine Dienste an. Da ich gerade etwas Zeit hatte und neugierig war, was er mir verkaufen wollte, bat ich ihn in mein Büro. Natürlich bot ich ihm höflich eine Tasse Kaffee an und sagte dann spontan zu ihm. „Dann fangen Sie mal an."

Er nahm ein Stück Zucker, goss etwas Milch in seine mit Kaffee gefüllte Tasse. Schließlich nahm er einen Schluck von dem aromatisierten Getränk. Dann befeuchtete er seine Lippen mit der Zunge wie eine Dame, die auf sich aufmerksam machen will, und setzte zu einer Frage an.

„Wie läuft das Geschäft?"

„Danke", antwortete ich. „Ich kann mich nicht beklagen."
Dann legte er los. „Sie sind doch schon seit vielen Jahren mit Ihrem Unternehmen am Markt, ich hoffe für Sie, dass Sie gesund sind und auch in schwierigen Zeiten über die Runden kommen."
Natürlich nickte ich erst einmal zustimmend. Wie immer bei Verkäufern, die ihre Hausaufgaben gemacht haben, bemerkte ich natürlich sofort, dass es sich um eine Suggestivfrage handelte, die man normalerweise immer mit ›Ja‹ beantwortet.
Haben Sie, liebe Leserinnen und Leser, schon einmal mit einem nervigen Telefonverkäufer gesprochen? Ständig kommen Fragen vom anderen Ende der Leitung, die Sie wahrscheinlich immer mit ›Ja‹ beantwortet haben. Das ist knallharte Ausbildung und Instruktion durch das Unternehmen, für das der Vertreter/Verkäufer arbeitet. Man lernt, Fragen so zu stellen, dass der Gesprächspartner immer nur mit "Ja" antworten wird.
Ich selbst habe in den 70er Jahren versucht, mir nebenberuflich als Versicherungsvertreter ein paar Mark dazu zu verdienen, habe aber schnell gemerkt, dass das nicht meine Welt ist und habe nach ein paar Tagen wieder gekündigt. Die Erfahrungen und Schulungen, die ich dort gemacht habe, wie man Verkaufsgespräche führt, wie man den Kunden in die Ecke drängt, das war eine Erfahrung fürs Leben.
Um die Geschichte etwas abzukürzen, komme ich jetzt zu dem Punkt, an dem es heikel wird. Er verriet mir, dass er diese Dienstleistung nur nebenberuflich anbiete und gar nicht in der Lage sei, selbst Versicherungen abzuschließen. Er wolle nur einen Termin mit mir vereinbaren und käme dann mit einem Spezialisten zu mir, der mir alles über Versicherungen erzählen kann, die mir ein sorgenfreies Leben garantieren würden. Berufsunfähigkeitsversicherung, Krankenversicherung, Betriebsunterbrechungsversicherung und vieles mehr.
Meine Erfahrungen als junger Mann in der Versicherungsbranche haben sich wieder einmal bestätigt und mich wachsam werden lassen. Ich konnte

mich erfolgreich gegen einen aufdringlichen Vertreter zur Wehr setzen und ihn, nachdem er seinen Kaffee getrunken hatte, elegant abwimmeln. Ich möchte aber nicht alle Vertreter über einen Kamm scheren. Versicherungen sind wichtig, aber man muss wachsam sein und sich gut auf solche Gespräche vorbereiten. Also seien Sie auf der Hut und lassen Sie sich nicht von aufdringlichem Verkaufsgeschwätz beeindrucken.

Fazit: Dieser Betriebsberater war nur ein nebenberuflicher Versicherungsvermittler und dient meiner Meinung nach nur als Handlanger und Vorarbeiter für qualifizierte Versicherungsvertreter.

2. Der Handelsvertreter

Während ich hier sitze, liebe Leserinnen und Leser, denke ich darüber nach, was ich im vorigen Kapitel über die Vertreter geschrieben habe. Dabei kommt mir ein Erlebnis in den Sinn. Es war Mitte der 80er-Jahre, als ich meine ersten Erfahrungen als selbstständiger Tankstellenbesitzer sammelte. Ich war mit den administrativen Aufgaben völlig überfordert und hatte keinerlei Erfahrung auf diesem Gebiet. Obwohl ich mein Gewerbe ordnungsgemäß angemeldet hatte, wusste ich nicht, wie ich mit den auf mich zukommenden Situationen umgehen sollte. Plötzlich öffnete sich die Tür zum Verkaufsraum und ich blickte durch die große Fensterfront nach draußen. Die Zapfsäulen waren leer und niemand hatte sein Fahrzeug betankt. Wo kamen diese beiden Personen auf einmal her.

Was wollten diese beiden Gestalten von mir, die mit ernsten Mienen und anscheinend wichtigen Unterlagen auf mich zukamen? Sie strahlten eine bedrohliche Wirkung aus, die mich verunsicherte und mein Gesicht erröten ließ. Ich fragte mich, ob ich etwas falsch gemacht hatte. Oder handelte es sich um verdeckte Ermittler, die mich ins Visier genommen hatten? Ich konnte keinen Grund erkennen, weshalb sie mich ansprechen würden. Nach einer gefühlten Ewigkeit erreichten sie schließlich die Theke und der größere, kräftigere von beiden trat an mich heran und sprach.

„Die Handwerkskammer hat uns ausgesandt, um hier vor Ort eine versicherungstechnische Überprüfung durchzuführen. Wir haben Kenntnis darüber erlangt, dass Sie kürzlich die Tankstelle übernommen haben. Unsere Mission ist es, sicherzustellen, dass alle Richtlinien und Vorschriften eingehalten werden. Es ist bedauerlich, dass Sie bereits innerhalb kürzester Zeit etwas Wichtiges vergessen haben. Wir werden jedoch sicherstellen, dass alles auf dem neuesten Stand ist."

Der Kleinere der beiden Männer fragte mich kraftvoll, ob wir uns ungestört in meinem Büro unterhalten könnten. Ich bat meine Kassiererin, die zurzeit mit dem Einräumen von Waren beschäftigt war, zur Kasse und ging mit den beiden Männern in mein Büro. Ohne mir Zeit zum Nachdenken oder Nachfragen zu lassen, breiteten sie ihre Unterlagen aus und redeten auf mich ein. Am Ende des Gesprächs hatten sie viele Unterschriften von mir und gingen stolz aus dem Geschäft. Doch ich stornierte die Verträge später, was für mich als Unternehmer nicht einfach war, da ich mich nicht auf das Widerrufsrecht von Haustürgeschäften berufen konnte. Ich möchte betonen, dass nicht alle Vertreter gleich sind und auch sie ihr Geld verdienen müssen. Doch in diesem Fall war ihre Vorgehensweise inakzeptabel.

3. Der Schlüssel(not)dienst

Der Schlüsselnotdienst gehört zu den Gewerken, in denen sich leider sehr viele schwarze Schafe tummeln. Warum ist das so? Weil es den Betrügern leicht gemacht wird. Sie benötigen keinen Berufsabschluss und schon gar keinen Meistertitel. Sie müssen auch keine Qualifikation nachweisen, um dieses Handwerk selbstständig ausführen zu dürfen. Einzig der § 38 GewO könnte ihnen einen Strich durch die Rechnung machen und sie an der Ausübung dieses Gewerbes hindern. In großen Familien findet sich immer jemand, der für einen firmiert. Wenn man selbst bei der Gewerbeanmeldung als unbescholten gilt, spielen außer der Anmeldegebühr weiteren Nachweise keine Rolle, ob man überhaupt in der Lage ist, dieses Gewerbe qualifiziert auszuüben.

Was sind schwarze Schafe? Das sind Unternehmen, die fachlich dilettantische Arbeiten ausführen, die Preise verlangen, die außerhalb der sogenannten ortsüblichen Preise liegen.

Seit Jahren hört man, dass daran gearbeitet wird, den Schlüsseldienst samt Notdienst zu einem Ausbildungsberuf zu machen. Leider ist bis heute nichts passiert!

Zu den schwarzen Schafen gehören vielmals auch Schädlingsbekämpfer und Rohrreinigungsfirmen, die nach dem gleichen Muster arbeiten, nämlich abzocken. Zum Glück gibt es aber auch in den oben genannten Kategorien Betriebe, die ehrliche und ordentliche Arbeit zu einem fairen Preis leisten.

Hier ein paar Tipps für Sie als Kunde, damit Sie nicht auf Betrüger hereinfallen. Schauen Sie sich in Ihrer Umgebung nach Firmen um, die einen Laden haben. Diese Unternehmen können es sich nicht leisten, ihre Kunden abzuzocken. Der Ruf wäre ruiniert, und diese Firma bekäme vor Ort kein Bein mehr auf den Boden. Besorgen Sie sich von diesen lokalen Unternehmen eine Visitenkarte und kleben Sie diese an einen Ort, den nur Sie kennen, wo Sie bei Bedarf darauf zugreifen können, ohne in der Wohnung zu sein. Zum Beispiel, an der

Innenseite der Briefkastenklappe. So brauchen Sie nur die Klappe anzuheben und haben Zugriff auf die Telefonnummer. Befindet sich der Sicherungskasten im Keller oder im Treppenhaus, hinterlegen Sie dort die Visitenkarte. Möglichkeiten, etwas zu verstecken, gibt es genug.

designed by freepik.com

Sollten Sie trotz aller Vorsicht an ein schwarzes Schaf geraten und vom Monteur massiv bedroht oder genötigt werden, scheuen Sie sich nicht, sofort die Polizei zu verständigen. Suchen Sie sich Zeugen, unter anderem den Nachbarn. Lassen Sie sich den Ausweis des Monteurs zeigen und notieren Sie sich seinen Namen. Nehmen Sie sich die Zeit, die Rechnung zu überprüfen, insbesondere wenn Sie vor Ort bar oder mit EC-Karte bezahlt haben.

Noch ein Tipp: Vereinbaren Sie möglichst vor Auftragserteilung einen Festpreis und lassen Sie sich nicht mit der Ausrede abspeisen, jede Tür sei anders und der Monteur könne Ihnen erst vor Ort einen Preis nennen. Sollte es sich wirklich um eine außergewöhnlich schwer zu öffnende Tür handeln, können Sie immer noch mit dem Monteur sprechen und dann einen etwas höheren Preis akzeptieren.

Wenn Sie mit dem Unternehmer oder seinem Vertreter einen Pauschalpreis vereinbart haben, dürfen später auf der Rechnung keine weiteren Posten auftauchen, wie zum Beispiel: Bereitstellungszuschlag, Sofortzuschlag, Einsatz von Spezialwerkzeugen oder Verbrauchsmaterial. Dies ist gesetzlich so geregelt, dass es in der Pauschale enthalten ist. Wenn dem Monteur bei der Türöffnung ein Bohrer abbricht, ist das sein Problem und darf nicht als separate Position in einer Pauschalrechnung aufgeführt werden.

Niemand hat vor, sich absichtlich auszusperren, und der Ausweis liegt in der Wohnung. Was nun? Der Monteur wird Ihnen wahrscheinlich auch so die Tür öffnen, aber Sie müssen sofort nach dem Öffnen der Tür ein Ausweisdokument aus Ihrer Wohnung holen und es dem Monteur vorlegen. Alternativ kann sich der Facharbeiter auch von Ihrem Nachbarn bestätigen lassen, dass Sie berechtigt sind und dort wohnen, wo er die Tür öffnen soll. Das ist legitim und zählt dann so, als hätten Sie sich mit Ihrem Personalausweis ausgewiesen.

Ein paar Worte an den Unternehmer: Ich muss Sie an dieser Stelle darauf hinweisen, dass Sie als Schlüsseldienst oder Schlüsselnotdienst keine Reparaturen oder Sicherungsmaßnahmen an Fenstern und Türen beim Kunden durchführen dürfen. Dazu müssten Sie als Fachbetrieb bei der HWK eingetragen sein, z. B. als Schlosserei, Tischlerei oder als Fenster- und Türenmontagebetrieb. Es gibt jedoch eine Ausnahme: Sie haben die Möglichkeit, eine Zertifizierung als Errichter zu absolvieren. Wenn Sie eine solche Zertifizierung nachweisen können, dürfen Sie die oben genannten Arbeiten erledigen.

Aber Achtung! Auch als Errichter dürfen Sie keine Veränderungen oder Reparaturen an FH- oder RC-Türen (Feuer- oder Rauchschutztüren) vornehmen. Dies ist strengstens verboten und darf nur von Fachbetrieben mit entsprechender Zulassung durchgeführt werden. Nehmen Sie diese Warnung nicht auf die leichte Schulter, es kann Sie teuer zu stehen kommen. Wenn Ihnen ein kleiner Fehler unterläuft, müssen Sie unter Umständen auf eigene Kosten eine neue Tür von einer Fachfirma verbauen lassen. Ich möchte an dieser Stelle keine Firma nennen, bei der Sie diese Qualifikation erwerben können. Denn ich bin frei und an keine Marke gebunden und keine Firma macht mir Vorschriften oder beeinflusst mich in irgendeiner Weise. Suchen Sie einfach im Internet, da werden Sie sicher schnell fündig. Der Kunde hat Anspruch auf eine ordnungsgemäße Rechnung. Ich habe an anderer Stelle in diesem Buch geschrieben, was in eine ordentliche Rechnung gehört. Wenn Sie bei der Auftragserteilung mit dem Kunden nicht besprochen haben, wie die Rechnung zu begleichen ist, braucht der Kunde Sie nicht an Ort und Stelle zu bezahlen, sondern hat das Recht, wie eben erwähnt, die ordentliche Rechnung per Zahlungsanweisung bei einer Bank zu begleichen. Als Unternehmer sollten Sie in der Rechnung ein festes Zahlungsziel angeben. Ist der Kunde dann nach Ablauf des Zahlungsziels in Verzug, können Sie sofort mahnen, ohne eine Mahnung schreiben zu müssen. Davon würde ich aber abraten. Es kann wirklich passieren, dass man vergisst, eine Rechnung zu bezahlen. Also geben Sie Ihrem Kunden eine zweite Chance, aber wieder mit einem festen Zahlungsziel, seine Rechnung doch noch ohne Stress zu bezahlen.

Noch ein paar Worte an den Schlüsselnotdienstunternehmer. Wenn es Ihnen nicht gelingt, die Tür zu dem vereinbarten Festpreis zu öffnen, wie Sie es vorher mit dem Kunden besprochen haben, rate ich Ihnen, mit dem Kunden zu reden. Bieten Sie ihm an, ohne Berechnung wieder abzureisen, da Sie Ihrerseits den Vertrag nicht erfüllen können. Oder der Kunde muss die nun anfallenden Mehrkosten (für einen neuen Profilzylinder) akzeptieren und bezahlen. Stimmt der Kunde zu, haben Sie mit ihm einen neuen Werkvertrag geschlossen, der natürlich von beiden Seiten eingehalten werden muss.

Folglich ein von mir generierter Satz, den Sie in Ihren Auftrag einbauen können.

> *In Ausnahmefällen behalten wir uns das Recht vor, von unserer zuvor gegebenen Festpreisgarantie abzuweichen. Diese Ausnahmen haben wir in der Regel nicht zu verantworten. Diese Ausnahmen können z. B. durch eine neue, uns noch unbekannte Technik oder falsch montierte Türen etc. entstehen. Da wir hierauf keinen Einfluss haben, können sich die veranschlagten Kosten erhöhen. In solchen Fällen werden wir jedoch vorher mit Ihnen reden und das weitere Vorgehen besprechen. Wir geben Ihnen die Möglichkeit zu entscheiden, ob Sie den Auftrag weiterhin von uns ausführen lassen möchten oder nicht. Wenn Sie uns nicht weiter beauftragen möchten, berechnen wir Ihnen nur die Anfahrtskosten.* <

Ja, Sie haben richtig gelesen, Sie haben mit der Auftragserteilung einen Werkvertrag mit dem Auftragnehmer geschlossen. Bei einem Werkvertrag verpflichtet sich eine Vertragspartei, etwas herzustellen oder eine Leistung zu erbringen. Im Gegenzug verpflichtet sich der Vertragspartner, eine Vergütung zu zahlen. Nachzulesen auch im BGB. Ich habe mich bewusst nicht juristisch ausgedrückt, weil ich, wie schon im Vorwort erwähnt, kein Jurist bin. Ich denke, liebe Leserinnen und Leser, Sie haben das auch so verstanden.

Die anderen Notdienstgewerbe wie, Kammerjäger, Rohrreinigungsfirmen usw., die alle ähnlich aufgebaut sind wie der Schlüsselnotdienst, werde ich Ihnen jetzt nicht im Einzelnen vorstellen und komme nun zum nächsten Thema, das auch insbesondere die Notdienste betrifft.

Pauschalpreis / Festpreis

Quelle: KI / chat.openai.com

Worin besteht der Unterschied zwischen Pauschalpreis und Festpreis?

Ein Pauschalpreis ist ein Preis, der für eine bestimmte Leistung oder einen bestimmten Gegenstand gilt, unabhängig von den tatsächlichen Kosten oder der Arbeitszeit, die erforderlich ist, um diese Leistung oder Gegenstand zu liefern.

Ein Festpreis hingegen ist ein Preis, der auf den tatsächlichen Kosten der Lieferung einer Leistung oder eines Gegenstands basiert und nicht geändert wird, unabhängig von Änderungen in den Kosten oder der Menge an Arbeit, die erforderlich ist, um die Leistung oder den Gegenstand beizubringen.

Ich gebe Ihnen jetzt zwei Beispiele: Sie haben einen Schlüsseldienst beauftragt, Ihnen Ihre zugefallene Wohnungstüre wieder zu öffnen. Sie fragen schon am Telefon den Techniker, welche Kosten auf Sie zukommen werden.

Der Auftragnehmer versichert Ihnen am Telefon. „Es kostet 75,00 Euro pauschal für Sie."

Der Unternehmer wird aufgrund von Erkenntnissen von früheren Aufträgen die Erfahrung haben, dass er mit den 75,00 Euro gut kalkuliert hat und somit er als Unternehmer und Sie als Kunde zufrieden sein sollten. Unabhängig davon, wie lange er wirklich benötigt, Ihre Türe wieder zu öffnen. Auch sollte er verkehrsbedingt einen großen Umweg in Kauf nehmen müssen, um zu Ihnen zu gelangen, darf er dann seinen Preis nicht mehr erhöhen. Das Gleiche gilt, wenn ihm ein Werkzeug abbricht, darf er Ihnen auch diese Kosten für ein neues Werkzeug nicht in Rechnung stellen.

Angenommen, Sie haben um einen Kostenvoranschlag für ein neues Schloss gebeten und es wurde Ihnen gesagt, das Schloss kostet 87,00 Euro. Allerdings dürfen die Kosten um etwa 15 % abweichen. Diese Regelung basiert auf der Regelung für

Kostenvoranschläge (siehe folgendes Kapitel). Die Kosten für die Beschaffung des neuen Schlosses haben sich aber auf 95,00 Euro erhöht, muss der Auftragnehmer Ihnen das Schloss nun für 87,00 Euro Plusminus 15 % verkaufen.

Angenommen, Sie haben dem Kunden einen Pauschal- oder Festpreis für eine Türöffnung angeboten und müssen vor Ort feststellen, dass Sie an eine besondere Türe geraten sind und können Ihre Festpreisgarantie nicht einhalten, da sich die Türöffnung doch komplizierter gestaltet als zuvor gedacht. Sie könnten Ihren Kunden zuvor den Auftrag mit folgendem Vermerk unterschreiben lassen:

„Wenn es unvorhergesehene Umstände gibt, die außerhalb unserer Kontrolle liegen und die Kosten für die vereinbarte Leistung erheblich erhöhen, behalten wir uns das Recht vor, von unserer Festpreisgarantie abzuweichen. Im Falle eines solchen Falls werden wir Ihnen umgehend eine andere Lösung anbieten."

Ein weiterer Tipp von mir an den Unternehmer: Begrenzen Sie Ihr Angebot zeitlich. Erteilt Ihnen der Auftraggeber erst nach einem halben Jahr den Auftrag und bezieht sich dabei auf Ihren Festpreis XY € vom XX.XX.XXXX könnten die Einkaufspreise fürs Material längst gestiegen sein und Sie als Unternehmer haben das Nachsehen, da Sie ja einen Festpreis vereinbart hatten.

Siehe auch folgendes Kapitel, da gehe ich noch einmal explizit auf den Kostenvoranschlag ein.

Der Kostenvoranschlag

Ein Kostenvoranschlag ist ein Angebot, das von einem Unternehmen für den Kunden ausgearbeitet wird. Damit kann der Kunde die zu erwartenden Kosten für sein Projekt oder der Dienstleistung, die er in Anspruch nehmen möchte, kalkulieren und planen. Allgemein gesehen, sind die Preise und Leistungen in einem Kostenvoranschlag nicht rechtlich bindend, es sei denn, man hat ausdrücklich vereinbart, dass der Kunde nicht rechtlich verpflichtet ist, den Kostenvoranschlag anzunehmen und genauso umgekehrt, das Unternehmen nicht verpflichtet ist, seine Leistung zum angegebenen Preis anzubieten. In so einem Fall schreiben Sie am besten, unverbindlichen Kostenvoranschlag.

Es ist zu beachten, dass ein Kostenvoranschlag unter bestimmten Bedingungen verbindlich sein kann. Zum Beispiel, wenn er als Vorvertrag oder als Angebot abgegeben wird. Mit anderen Worten: Wenn der Kunde den Kostenvoranschlag als Angebot annimmt, kommt ein Vertrag zwischen dem Kunden und dem Unternehmen zustande und beide Parteien sind rechtlich gebunden. In diesem Fall sollte der Unternehmer darauf achten, dass der Kostenvoranschlag detailliert ist und alle wichtigen Informationen enthält. Dazu gehören mindestens:

Umfang der Arbeiten, verwendetes Material, Zeitrahmen, Zahlungsbedingungen einschließlich der jeweils gültigen gesetzlichen Mehrwertsteuer.

In einigen Branchen ist ein Kostenvoranschlag sogar gesetzlich vorgeschrieben. Dazu gehört auf jeden Fall das Baugewerbe. Dort ist der Kostenvoranschlag auch Bestandteil des Hauptvertrages. Gerade aus den oben genannten Gründen ist es wichtig, dass der Kostenvoranschlag sehr detailliert ist, um Missverständnisse und Streitigkeiten zu vermeiden.

Kosten des Kostenvoranschlags

Grundsätzlich ist ein Kostenvoranschlag kostenlos. Es gibt jedoch Ausnahmen. Vor allem im Handwerk und im Baugewerbe ist die Erstellung eines Kostenvoranschlags sehr aufwendig. Allerdings müssen Sie den Kunden vorher darauf hinweisen, dass der Kostenvoranschlag kostenpflichtig ist. Andernfalls sind Streitigkeiten vorprogrammiert. Der Kunde muss sich dann entscheiden, ob er bereit ist, für den Kostenvoranschlag zu bezahlen oder nicht.

Wichtig ist jedoch, dass die Gebühr für den Kostenvoranschlag nicht mit der späteren Rechnung für die erbrachte Leistung verwechselt werden darf. Die Gebühr für den Kostenvoranschlag sollte separat ausgewiesen werden und nicht Teil der späteren Rechnung sein.

Spätere Preisabweichungen zwischen der Rechnung und dem Kostenvoranschlag sollten 10 % bis 20 % nicht überschreiten. Sollten Sie als Unternehmer später feststellen, dass Sie sich verrechnet haben, suchen Sie das Gespräch mit dem Kunden und versuchen Sie, eine für beide Seiten vernünftige Lösung zu finden.

Fazit: Wie Sie sehen, liebe Leserinnen und Leser, ist der Kostenvoranschlag ein sehr komplexes Thema. Da ich, wie bereits an anderer Stelle in diesem Buch erwähnt, kein Jurist bin, betrachten Sie dieses Kapitel über den

Kostenvoranschlag bitte nur als grobe Orientierung. Sollte es dennoch einmal zu Streitigkeiten zwischen Ihnen, dem Auftraggeber und dem Auftragnehmer kommen, werden Sie im Extremfall nicht umhinkommen,

Wer muss den Schlüsselnotdiensteinsatz bezahlen?

Ein Thema, um das auch immer wieder gestritten wird. Der Schlüsseldiensteinsatz bzw. Schlüsselnotdiensteinsatz wird in der Regel von demjenigen bezahlt, der den Auftrag zur Türöffnung erteilt hat. Das bedeutet, dass derjenige, der den Schlüssel verloren hat oder sich ausgesperrt hat und den Notdienst zu Hilfe rief, auch den Einsatz bezahlen muss. Eine Ausnahme zum Beispiel, wenn der Schlüsselnotdienst grob fahrlässig handelte und dadurch ein höherer Schaden entstanden ist. In diesem Fall könnte der Schlüsselnotdienst zur Zahlung eines Teils oder des gesamten Einsatzes verpflichtet werden.

Es ist daher ratsam, sich vor der Beauftragung des Schlüsselnotdienstes über die Kosten und die Haftungsbedingungen zu informieren und gegebenenfalls mehrere Angebote einzuholen.

Es gibt aber Ausnahmen, wo die Versicherung einspringt. Grundsätzlich werden Versicherungen für einen möglichen Fall abgeschlossen. Vorausgesetzt, beide Parteien (Versicherungsgeber und Versicherungsnehmer) haben einen entsprechenden Passus in der Versicherungspolice unterschrieben.

Die normale Hausratversicherung zahlt nur den Schlüsseldiensteinsatz, wenn der Schlüssel durch Diebstahl oder Raub abhandenkam, oder der Schlüssel nach einem Feuerwehreinsatz in der Wohnung nicht mehr aufzufinden ist. Darum sollten Sie regelmäßig Ihre Versicherungspolicen überprüfen und gegebenenfalls anpassen. Die Kosten, die einen Schlüsselnotdiensteinsatz über die Versicherung abdecken, sind überschaubar.

Wenn Sie beruflich mit fremden Schlüsseln zu tun haben und diese verwalten müssen, sollten Sie auf jeden Fall einen entsprechenden Passus in Ihre Haftpflichtversicherung aufnehmen.

Stellen Sie sich vor, Sie sind Krankenschwester und haben mit einem Ihnen anvertrauten Schlüssel Zugang zum Medikamentenschrank. Aus irgendeinem

Grund verlieren Sie den Schlüssel. Ohne entsprechende Versicherung könnte Sie das Kopf und Kragen kosten. Ein weiteres Beispiel: Sie sind in der mobilen Altenpflege tätig und tragen von Ihren Patienten die entsprechenden Schlüsselbundemit sich, weil Ihre Patienten immobil sind und Sie sich mit den Schlüsseln Zugang zu den hilfsbedürftigen Menschen verschaffen müssen.

Größere Unternehmen haben oft eine gesonderte Klausel in ihrer Betriebshaftpflichtversicherung, um ihre Mitarbeiter vor finanziellen Schäden zu schützen. Doch was passiert, wenn die Wohnung aufgrund gesundheitlicher Probleme durch einen Schlüsselnotdienst oder die Feuerwehr aufgebrochen wird? In diesem speziellen Fall muss der/die Mieter*in (hilflose Person) für die Kosten aufkommen, auch wenn die Türöffnung durch die Polizei oder einen Angehörigen veranlasst wurde.

Befindet sich eine verstorbene Person in der zu öffnenden Wohnung, so muss die verstorbene Person für die Kosten der Türöffnung aufkommen. Die Rechnung fällt in den Nachlass des Verstorbenen und ist aus diesem zu begleichen.

Noch ein besonderer Fall: Ein Mieter kann aufgrund eines defekten Schlosses nicht mehr seine

Wohnung betreten. So muss der Vermieter für den Schlüsselnotdiensteinsatz aufkommen, weil ein Mangel an der Mietsache vorliegt.

An dieser Stelle möchte ich noch eine Warnung aussprechen. Wenn Sie, aus welchen Gründen auch immer, nicht mehr in Ihre Wohnung kommen, kommen Sie nicht auf die Idee, die Feuerwehr zu rufen, weil Sie irgendwo gehört haben, dass die Feuerwehr auch Türen öffnet. Versuchen Sie auch nicht, die Feuerwehr dazu zu bringen, Ihnen die Tür zu öffnen, indem Sie sagen, dass Sie den Herd angelassen haben und nun einen Brand befürchten. Die Feuerwehr wird kommen und Ihnen die Tür öffnen, aber wehe, es war kein Notfall. Denn nach dem Öffnen der Tür wird die Feuerwehr nachsehen, ob der Herd wirklich an war. Dann wird Ihnen Notrufmissbrauch vorgeworfen und das kann teuer werden. Außerdem muss man den Schaden, den die Feuerwehr beim Öffnen der Tür verursacht hat, selbst tragen, und die sind nicht zimperlich beim Öffnen von Türen. Da wird schon mal zur Kettensäge gegriffen, um sich Zugang zu verschaffen.

Das kann für den Unternehmer teuer werden

Bleiben wir bei unserem Beispiel: Sie werden als Schlüsselnotdienst gerufen, um schnell eine Tür zu öffnen, weil ein eingeschalteter Herd einen Brand verursachen könnte.
Wie würden Sie als Unternehmer reagieren? Mein Rat: Zuerst den Anrufer nach dem Einsatzort fragen. Ist dieser in der Nähe, spricht nichts dagegen, sich ins Fahrzeug zu setzen und loszufahren. Natürlich unter Beachtung der Straßenverkehrsordnung.

Fragen Sie aber vorher Ihren Auftraggeber, ob sich die Sicherungen zu seiner Wohnung in der Wohnung befinden oder ob der Sicherungskasten im Treppenhaus oder im Keller ist. Ist Letztes oder Vorletztes der Fall, empfehlen Sie dem Anrufer, alle Sicherungen auszuschalten, damit der Herd nicht mehr unter Spannung steht und der Braten langsam erkaltet. Wenn es sich um einen Gasherd handelt, können Sie dem Anrufer dazu anhalten, die Gaszufuhr im Keller (falls vorhanden) abzudrehen.

Ist das alles nicht möglich, weil Ihr Einsatzort einige Kilometer entfernt ist und es ist vielleicht gerade Hauptverkehrszeit, sodass der Zeitaufwand hoch ist, um Ihren Einsatzort zu erreichen? Dann verzichten Sie lieber auf den Auftrag und raten Sie dem Anrufer, die Feuerwehr mit der Türöffnung zu beauftragen. Die sind wahrscheinlich schneller als Sie vor Ort, weil sie Sonderrechte im Straßenverkehr haben und deshalb schneller vorankommen.

Das Gleiche würde ich Ihnen raten, wenn es heißt, dass jemand die Tür nicht mehr öffnet und wahrscheinlich Hilfe benötigt. Verzichten Sie lieber auf den Auftrag und überlassen Sie diesen dem Rettungsdienst der Feuerwehr.

An- und Abfahrtskosten sowie deren Berechnung

Die Anfahrtskosten muss jeder Unternehmer selbst kalkulieren. Sie werden in der Regel aus Kfz- und Personalkosten sowie der Fahrzeit errechnet. Im Allgemeinen gibt es mehrere Möglichkeiten, den Anfahrtsweg dem Kunden in Rechnung zu stellen. Die Höhe der Anfahrtskosten hängt von verschiedenen Faktoren ab. Als Unternehmer können Sie die Fahrtkosten pauschal berücksichtigen. Sie können die Pauschale aber auch in Abhängigkeit von der Entfernung zum Kunden ermitteln oder als Arbeitszeit abrechnen. Als Beispiel: Für die ersten 10 Kilometer zum Kunden berechnen Sie 15,00 Euro, für 11 - 20 Kilometer vielleicht 25,00 Euro und so weiter. Aber Vorsicht! Wenn Sie mit Ortsnähe werben und einen festen Standort haben, müssen Sie dem Kunden immer die Anfahrt von Ihrem Betrieb berechnen. Sie dürfen dem Kunden keinen ferneren Fahrtweg abverlangen, auch wenn Sie vielleicht gerade von einem anderen Kunden kommen, der 40 Kilometer weiter weg lag. Der jetzige Auftraggeber kann nichts dafür, dass Sie zufällig von einem weiter entfernten Ort starten mussten, denn schließlich hat er Sie gerade wegen Ihrer Nähe ausgewählt.

Einige Handwerksbetriebe stellen dem Kunden die Abfahrtskosten generell gesondert in Rechnung. Das ist nicht unzulässig, hinterlässt aber beim Kunden einen schlechten Eindruck. In den meisten Fällen ist es nur eine Masche, mit der schwarze Schafe der Notdienstbranche gerne ihre Rechnungen frisieren. Dass man nach getaner Arbeit wieder abreist, ist wohl selbstverständlich. In manchen Fällen kann es aber sinnvoll sein, eine Abfahrtspauschale zu berechnen. Wenn Sie eine Großbaustelle haben, die weit von Ihrem Betrieb entfernt ist und die Sie nach Auftragserledigung wieder abräumen und abfahren müssen, wenn Sie dabei viel Material und Schutt abzutransportieren haben, müssen Sie Ressourcen aufwenden und diese auch dem Kunden in Rechnung stellen.

Wenn Sie aber eine Fehlfahrt hatten (der Kunde brauchte Sie nicht mehr und hat Sie unverrichteter Dinge wieder weggeschickt), sollten Sie die Abfahrt wirklich separat berechnen.

Wie bereits erwähnt, können Sie Fahrkostenpauschalen berechnen, aber dann keine zusätzlichen Kilometer. Das heißt, wie im Beispiel oben: 10 Kilometer Entfernung mit einer Pauschale von 15,00 Euro und 10 mal 30 Cent für jeden zusätzlich gefahrenen Kilometer, das wäre eine doppelte Berechnung. Also entweder Pauschale oder Entfernung pro Kilometer.

Eine weitere Möglichkeit, die Fahrtkosten zu stellen, ist die Fahrzeit, denn Fahrzeit gilt gesetzlich als Arbeitszeit. Das heißt, Sie können die tatsächliche Fahrzeit, die Sie benötigen, um zu Ihrem Kunden zu kommen, mit Ihrem Stundenlohn verrechnen oder aber die Fahrzeit abrechnen. In Absprache mit dem Kunden können Sie zusätzlich zu der Fahrzeit 30 Cent pro gefahrenen Kilometer notieren.

Generell ist es aber ratsam, dass Handwerker ihren Kunden im Voraus mitteilen, welche zusätzlichen Kosten auf sie zukommen.

Und nicht vergessen: Als Unternehmer müssen Sie dem privaten Endverbraucher immer den Bruttobetrag nennen. Also immer den Endbetrag inklusive Nebenkosten und Mehrwertsteuer. Anders sieht es von Unternehmen zu Unternehmen aus, da spricht man von Nettobeträgen, denn für Unternehmen ist die Mehrwertsteuer nur ein durchlaufender Posten. Sie wird vom Unternehmer treuhänderisch verwaltet und an das Finanzamt abgeführt.

Streit mit dem Kunden

Sie können Ihre Arbeit beim Kunden noch so sauber und zuverlässig erledigen, eines Tages wird es Sie treffen und Sie haben einen unzufriedenen Kunden. Wie kommt es dazu? Ich schildere Ihnen hier einen klassischen Fall, wie es zu Unstimmigkeiten zwischen einer Auftraggeberin und einer Sicherheitsfachkraft kam. Frau Schulze aus der Nachbarschaft fühlte sich in ihrer Mietwohnung nicht mehr sicher. Schlichtweg, sie hatte Angst vor Einbrechern. Also wandte sie sich an einen Sicherheitstechniker und bat ihn um eine Sicherheitsberatung. Nach terminlicher Absprache sah sich der Sicherheitstechniker mit seinem Mitarbeiter die Wohnung von Frau Schulze an. Nach ausführlicher Begutachtung hielt er es für ratsam, die Eingangstür mit einen Panzerriegel zu verbauen. Für die Fenster riet er ihr zu Knebelsicherungen zur Schlossseite und für die Bandseite empfahl er automatische Bandseitensicherungen. Allerdings war ihm aufgefallen, dass die Fenster schon sehr veraltet, ja sogar seit Längerem förmlich antiquiert waren und die Bänder sowie die Verschlusszapfen keinerlei Widerstand und Schutz mehr vor mechanischen Angriffen boten. Ein Versuch, die Fenster vernünftig einzustellen, schlug aufgrund des maroden Zustands der alten Bänder allerdings fehl. Er sagte Frau Schulze, dass es keinen Zweck hätte, die Fenster nachzurüsten, ohne sie zuvor von einer Fensterfirma instand setzen zu lassen. Noch besser wäre es, die Fenster komplett auszutauschen. Da es sich im vorliegenden Fall um eine Mietwohnung handelte, sprach Frau Schulze ihre Vermieterin darauf an, doch die weigerte sich, die Fenster auszutauschen oder reparieren zu lassen. Nun bat Frau Schulze den Sicherheitstechniker, das Fenster trotz seiner Bedenken mit nachrüstbaren Modulen zu sichern. Widerwillig ließ er sich jetzt dazu überreden und verbaute auf ihren ausdrücklichen Wunsch hin die Sicherungen. Das Ende vom Lied, nach einem halben Jahr hatte sich die

Vermieterin von Frau Schulze jedoch entschlossen, die Fenster reparieren zu lassen. Da die Fenster, indessen ordnungsgemäß wieder ausgerichtet waren und somit einen anderen Sitz bekommen hatten, konnten die automatischen Bandsicherungen, die der Sicherheitstechniker eingebaut hatte, nicht mehr richtig funktionieren. Eine nachträgliche Justierung durch ihn war auch nicht mehr möglich, weil dann die alten Befestigungspunkte sichtbar würden.

Anschließend erzählte Frau Schulze in der Nachbarschaft, der Sicherheitstechniker wäre nicht in der Lage, vernünftige und saubere Arbeiten zu leisten. Mit anderen Worten, er wäre ein Pfuscher.

Das war nur ein Beispiel, wie schnell man seine Reputation verlieren kann, obwohl man stets bemüht ist, gute Arbeit zu verrichten.

Versetzen Sie sich nun einmal in die Lage von Frau Schulze. Was könnten Sie als vermeintliche Anspruchstellerin in so einem Fall tun? Sie könnten zivilrechtlich einen Anwalt einschalten, dieser würde den Handwerker anschreiben, ihm eine Mängelliste beifügen und auf Nachbesserung beharren. Da in diesem Fall aber eine Nachbesserung nicht möglich ist, würde ihr Anwalt versuchen, einen Teil des Rechnungsbetrags für seine Mandantin zurückzubekommen. Mit anderen Worten, er besteht auf Reduzierung des Rechnungsbetrags und auf eine Teilrückerstattung. Da den Handwerker aber keine Schuld trifft, weil die Kundin zuvor ausdrücklich darauf hingewiesen wurde, dass es eigentlich aufgrund der maroden Fenster vergebene Arbeitsmühe ist, diese überhaupt zu sichern, muss der Handwerker aber auf das Schreiben des Anwalts reagieren und sich auch einen Rechtsanwalt nehmen oder erst einmal selbst aus seiner Sicht sich schriftlich zu den Beschuldigungen äußern. In diesem speziellen Fall hat der Sicherheitstechniker selbst Stellung zu den Anschuldigungen genommen und schriftlich erklärt, dass er der Kundin von einer Absicherung der alten Fenster abgeraten hatte.

Doch daran wollte sich Frau Schulze auf einmal nicht mehr erinnern.

Wie schön, dass es ja Rechtsschutzversicherungen gibt, die die Kosten übernehmen (ironisch von mir gemeint), also wird nun weiter gestritten. Gibt Frau Schulze nicht zu, dass sie trotz Bedenken des Sicherheitstechnikers auf eine Absicherung bestand und der Sicherheitstechniker seinen Rechnungsbetrag nicht reduziert, geht der Fall im Extremfall vor Gericht. Das Gericht wird vielleicht sogar noch einen Sachverständigen bestellen, der sich das Fenster ansieht und ein schriftliches Gutachten erstattet. Dies alles sind Kosten, die man sich mit ein wenig gutem Willen und Ehrlichkeit ersparen könnte.

Es geht aber auch etwas preiswerter. Da die Gerichte ohnehin mit Lappalien überlastet sind, könnte man sich zuerst an einen Schiedsgutachter wenden. Schiedsgutachter werden von den örtlichen Handwerkskammern oder Industrie- und Handelskammern benannt. Die unterliegende Partei sollte dann für die Kosten des Schiedsgutachters aufkommen. Voraussetzung dafür ist allerdings eine zuvor getroffene Einigung, dass die unterliegende Partei das Gutachten anerkennt und die Begleichung der Kosten übernimmt.

Unabhängig von dem gerade geschilderten Fall rate ich Ihnen, bevor Sie Handwerker beauftragen, erkundigen Sie sich über das Unternehmen und dessen Zuverlässigkeit. Entweder Sie kennen das Unternehmen, weil es schon lange an Ihrem Ort ansässig ist, oder es wurde Ihnen empfohlen. Sie können sich auch von Ihrer zuständigen Handwerkskammer ein Unternehmen empfehlen lassen. Eine weitere Möglichkeit, Sie googeln das Unternehmen selbst. Sollte es sich bei dem Unternehmen um eines handeln, das schon negativ aufgefallen ist, werden Sie bestimmt im Internet fündig. Ein vernünftiges Unternehmen hat in der heutigen Zeit immer eine Homepage, wo es sich und seine Leistungen präsentiert. Versäumen Sie es nicht, einen Blick ins Impressum des Unternehmens zu werfen, denn dort können Sie sehen, wo es ortsansässig ist. Wenn Sie einen Handwerker suchen, insbesondere einen Schlüsseldienst, sollte die Ortsangabe im Impressum nicht von dem Ort abweichen, den Sie zuvor gegoogelt haben. Wenn doch, kann ich Ihnen nur raten, Finger weg von dem Unternehmen. Genauso rate ich Ihnen, wenn im Internet steht „Rufen Sie kostenfrei an unter 0800 ...", bloß nicht anrufen, denn auch hier ist die Wahrscheinlichkeit sehr hoch, an ein schwarzes Schaf zu geraten. Oder es meldet sich eine Telefonzentrale, auch das sind in der Regel dann schwarze Schafe, die bundesweit agieren und Monteure mit weiten Anreisen zu Ihnen schicken.

Wenn Sie sich diese Ratschläge zu Herzen nehmen, kann Ihnen eigentlich nicht viel passieren und großer Ärger zwischen Ihnen und dem Handwerker ist minimiert, ja fast ausgeschlossen.

Noch einmal kurz zusammengefasst: Halten Sie alles schriftlich fest. Sie müssen bei Beanstandungen dem Unternehmen die Möglichkeit zur Nacherfüllung geben früher Gewährleistung).

Bedenken Sie, die Nacherfüllungen unterliegen besonderen Fristen. Zum Beispiel fünf Jahre bei Arbeiten an einem Bauwerk und zwei Jahre an beweglichen Sachen. Wurde ein Mangel nicht arglistig verschwiegen, haben Sie nach Ablauf der genannten Fristen keine Möglichkeit mehr, einen Anspruch geltend zu machen.

Eine Ausnahme: Im Baugewerbe kann man vertraglich festhalten, dass die VOB gilt. Nach der VOB beträgt die Gewährleistung dann nur noch 4 Jahre. VOB heißt „Vergabe- und Vertragsordnung für Bauleistung".

Fazit:

Erstellt mit chat.openai

Ich habe KI nach sinnvollen Ratschlägen gefragt, wenn es Streitigkeiten zwischen Kunden und Handwerkern gibt. Folgendes bekam ich als Antwort.

Ja, ich kann dir einige allgemeine Ratschläge geben, die in solchen Fällen helfen können: Kommunikation ist der Schlüssel: Stelle sicher, dass es eine offene Kommunikation zwischen dem Kunden und dem Handwerker gibt. Der Kunde sollte seine Erwartungen und Bedürfnisse klar kommunizieren, und der Handwerker sollte alle notwendigen Informationen über das Projekt bereitstellen.

1. Vereinbarungen schriftlich festhalten: Es ist wichtig, alle Vereinbarungen schriftlich festzuhalten, einschließlich der Kosten, des Zeitrahmens und der spezifischen Anforderungen des Projekts. Auf diese Weise können spätere Missverständnisse vermieden werden.

2. Probleme frühzeitig angehen: Wenn ein Problem auftritt, sollten beide Parteien versuchen, es frühzeitig anzugehen und gemeinsam eine Lösung zu finden, bevor es zu einem größeren Konflikt wird.

3. Mediation in Betracht ziehen: Wenn es schwierig wird, eine Lösung zu finden, kann eine Mediation durch einen neutralen Dritten in Betracht gezogen werden. Dies kann helfen, eine Einigung zu erzielen, ohne dass es zu einem teuren und zeitaufwendigen Rechtsstreit kommt.

4. Rechtliche Unterstützung suchen: Wenn alle anderen Optionen ausgeschöpft sind, kann es notwendig sein, rechtliche Unterstützung zu suchen. Ein Anwalt kann dabei helfen, die Rechte und Pflichten beider Parteien zu klären und eine Lösung zu finden, die für beide Seiten akzeptabel ist.

Insgesamt ist es wichtig, dass sowohl der Handwerker als auch der Kunde eine positive Einstellung haben und sich bemühen, eine Lösung zu finden, die für alle Beteiligten zufriedenstellend ist.

Beschwerden und Reklamation

Auch in diesem Kapitel gibt es Wiederholungen aus den vorhergehenden Kapiteln. Da es sich jedoch um dringende Themen handelt, ist es ratsam, diese Wiederholungen, wenn auch mit anderen Worten wiedergegeben, noch einmal zu lesen.

Ganz allgemein möchte ich Ihnen an dieser Stelle einige Tipps zum Umgang mit Reklamationen geben.

Vermeiden Sie als Handwerker Konflikte mit Ihren Kunden und Sie als Kunde natürlich mit Ihren Handwerkern.

Manchmal lassen sich Konflikte nicht vermeiden.

Konflikte zwischen Kunden und Handwerkern können aus verschiedenen Gründen entstehen, z. B. durch Missverständnisse bei der Auftragsausführung. Unterschiedliche Erwartungen oder mangelnde Kommunikation. Hier sind einige Schritte, die helfen können, Konflikte zwischen beiden Parteien einfach zu lösen.

Eine klare und offene Kommunikation ist der Schlüssel zur Vermeidung und Lösung von Konflikten.

Beide Seiten sollten versuchen, den Standpunkt des anderen zu verstehen. Beide Seiten sollten gemeinsam nach einer Lösung suchen, die für alle akzeptabel ist. Eine Win-Win-Lösung ist normalerweise die beste Option. Es kann sein, dass beide Seiten Kompromisse eingehen müssen, um zu einer Lösung zu gelangen. Beispielsweise könnte der Handwerker auf einen Teil seiner Forderung verzichten, während der Kunde eine alternative Lösung vorschlägt. Wenn eine Einigung erzielt wurde, ist es ratsam, diese schriftlich festzuhalten, um Missverständnisse in der Zukunft zu vermeiden. Wenn es jedoch zu schwierig ist, eine Einigung zu erzielen, kann eine neutrale dritte Partei, wie z. B. ein Mediator, helfen, eine Lösung zu finden. In manchen Fällen kann es notwendig sein, professionelle Hilfe in Anspruch zu nehmen, zum Beispiel bei einem Rechtsanwalt, einer Verbraucherzentrale, der Handwerkskammer oder der Industrie- und Handelskammer.

Der schlechte Ruf eilt voraus

Auch hier im folgenden Kapitel sind nochmals Wiederholungen vorhanden. Denn es geht wieder um die schwarzen Schafe in der handwerklichen Notdienstbranche. In der Regel genießen handwerkliche Notdienste wenig Ansehen. Insbesondere Schlüsselnotdienste, Kammerjäger und Rohrreinigungsfirmen werden oft als unsympathische Zeitgenossen wahrgenommen, die sich auf Kosten ihrer Kunden bereichern. Folglich haben sie einen zweifelhaften Ruf und gelten als schwarze Schafe. Wie kommt es dazu? In der Regel wendet man sich an einen Notdienst, weil man dringend handwerkliche Unterstützung benötigt und sich in einer Notsituation befindet.

Stellen Sie sich vor, es schneit, minus 10 Grad, Sie sehen aus wie ein Schneemann und Ihre Wangen fühlen sich an, als hätte sie jemand mit einem Messer zerschnitten.

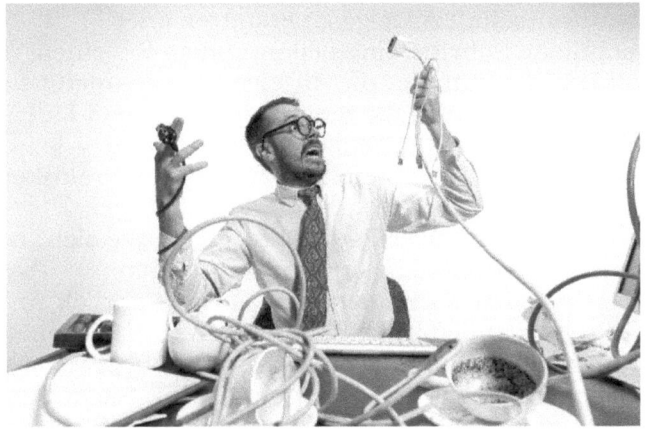

Egal, wie sehr Sie es versuchen, das Öffnen Ihrer Wohnungstür scheint unmöglich zu sein. Der Schlüssel steckt fest und das Schloss gibt einfach nicht nach. Ihr Handy liegt in der Wohnung und keiner Ihrer Nachbarn ist zu Hause, also bleibt Ihnen nichts anderes übrig, als einen zufällig vorbeikommenden Passanten, um Hilfe zu bitten und sein Handy zu benutzen, um einen Schlüsseldienst anzurufen. Es ist peinlich, mit einem fremden Handy mehrere Firmen anzurufen, um Preise zu vergleichen, also wählen Sie den erstbesten Schlüsseldienst, der eine 0800-Nummer anbietet oder nur eine Handynummer zur Verfügung stellt. Doch nun haben Sie ein schwarzes Schaf erwischt. Wenn Sie Glück haben, ist der Schlüsseldienst pünktlich und Sie müssen nicht lange in der Kälte warten. Aber die Kosten sind enorm, Sie müssen ganze 580,00 Euro bezahlen. Der Techniker zwingt Sie sogar, den Betrag sofort in bar oder mit Ihrer EC-Karte zu begleichen. Da Sie nicht genug Bargeld haben, fährt er Sie zum nächsten Geldautomaten und droht Ihnen, Sie wieder auszusperren, wenn Sie den Betrag nicht bezahlen können.

Eine derartige Handlungsweise würde unzweifelhaft als Nötigung gelten und somit illegal sein. In solchen Fällen rate ich Ihnen dringend, sich an die Polizei zu wenden und eine Anzeige zu erstatten. Eine weitere Möglichkeit wäre, direkt bei der Staatsanwaltschaft Anzeige zu erstatten oder zivilrechtliche Schritte einzuleiten, indem Sie einen Anwalt beauftragen, der die Anzeige für Sie aufgibt und den gesamten Prozess für Sie betreut. In jedem Fall sollten Sie sich nicht scheuen, für Ihre Rechte einzustehen und gegen solche unzulässigen Praktiken vorzugehen.

Mein ultimativer Tipp: Erkundigen Sie sich, bevor der Notfall eintritt, wo es in Ihrer Nähe einen Schlüsselnotdienst gibt, der seine Dienste ehrlich und zu fairen Preisen anbietet. Lassen Sie sich eine Visitenkarte geben und deponieren Sie diese an einem für Sie zugänglichen Ort in Ihrer Wohnung. Wenn Sie diesen Tipp beherzigen, sollten Sie vor bösen Überraschungen durch unseriöse Firmen sicher sein.

Möglicherweise benötigt auch Ihr geschätzter Nachbar irgendwann die Hilfe eines vertrauenswürdigen Handwerkers und Sie können ihm dabei unter die Arme greifen.

Als Experte für "Abzocke im Handwerk" wurde ich bereits über zwanzig Mal von verschiedenen Fernsehsendern zu diesem Thema interviewt. Es gibt Handwerker, die ihre Kunden schnell, sauber und zu fairen Preisen bedienen. Aber nicht nur unter den Handwerkern, sondern leider auch unter den Kunden gibt es viele schwarze Schafe. Ein eindrückliches Beispiel finden Sie im folgenden Abschnitt.

Schwarzes Schaf im weißen Kittel

Es gibt nicht nur schwarze Schafe unter den Handwerkern, sondern auch unter den Kunden. Ob reich oder arm, gebildet oder ungebildet - der Charakter mancher Menschen wirkt sich negativ aus und kann zu Problemen führen. Ich erinnere mich noch gut an meine Anfangszeit als Schlüsselnotdienst. Als Jungunternehmer hatte ich mit vielen Herausforderungen zu kämpfen - vor allem mit einem geringen Auftragsvolumen. Deswegen schloss ich mich großen Vermittlungsfirmen an, die mir gegen Provision Aufträge vermittelten. Eines Tages erhielt ich einen Auftrag in Meerbusch, etwa 45 Kilometer von meinem Wohnort Essen entfernt. Leider entwickelte sich dieser Auftrag zu einem Albtraum.

Eine betagte Dame von etwa 85 Jahren, ich nenne sie mal Frau Krause, wurde während ihres Krankenhausaufenthaltes von Einbrechern ins Visier genommen. Obwohl Frau Krause nicht unbedingt als bedürftig zu bezeichnen war, befand sich ihre Tür in einem verheerenden Zustand. Die Gauner hatten versucht, den alten Rundzylinder aufzubrechen, doch ihre Bemühungen waren vergebens. Möglicherweise waren sie entweder mit der veralteten Technik überfordert oder wurden bei ihrem Vorhaben gestört. Letztendlich blieb jedoch alles in Trümmern liegen. Als ich mich der Angelegenheit annahm, begann ich damit, die zerstörten Teile - den Beschlag, den Rundzylinder sowie das zugehörige Einsteckschloss - zu demontieren. Ferner entfernte ich das verbogene Schließblech, um es später durch ein neues zu ersetzen.

Nach Absprache mit Frau Krause machte ich mich auf den Weg nach Essen, um bei meinem Zulieferer ein neues Schloss, Schließzylinder, Beschlag und Schließblech zu besorgen.

Mein Lieferant lächelte mich, den noch etwas unerfahrenen Schlüsseldienst, an und sagte: „Sie wollen doch nicht ernsthaft wieder einen Rundzylinder einbauen, zumal alles zerstört ist und sowieso ausgetauscht werden muss. So etwas haben wir gar nicht mehr auf Lager, das muss bestellt werden. Und das wird dann richtig teuer. Rüsten Sie doch die ganze Schließeinheit um, auf den heutigen Stand der Technik, also auf Profilzylinder."

Aufgrund der guten Beratung nahm ich die vom Zulieferer empfohlenen Teile mit und fuhr zurück zu Frau Krause.

Ich erklärte ihr, dass ich ihre Tür mit einem neuen, modernen Schloss und allem, was dazu gehört, vernünftig ausstatten würde. Dann habe ich ihr noch gesagt, dass die Teile, so wie sie vorher eingebaut waren, gar nicht mehr sofort lieferbar gewesen wären und sie ihre Tür mehrere Tage nicht hätte verschließen können. Außerdem wäre die Reparatur viel teurer geworden. Immerhin habe sie jetzt einen viel besseren Einbruchschutz.

Sie fand das toll und war mit allem einverstanden. Als ich mit meiner Arbeit fertig war, fragte ich sie noch, ob ich Fotos von ihrer Tür machen dürfe, denn ich fand meine Arbeit so schön gelungen, dass ich die Fotos für mich behalten wollte.

Auch dagegen hatte sie nichts einzuwenden. Dann schrieb ich die Rechnung und überreichte sie ihr mit den Worten, dass es mir am liebsten wäre, wenn sie Barzahlung leisten würde.

„Es tut mir leid, aber so viel Bargeld habe ich nicht im Haus. Ich verspreche Ihnen, dass ich gleich morgen früh zur Bank gehe und die Rechnung begleiche."

Die Frau machte einen so vertrauenswürdigen Eindruck auf mich, dass ich ihr blind vertraute.

„Aber lassen Sie mich nicht hängen", bat ich sie trotzdem noch einmal ausdrücklich.

„Nein, Sie können sich hundertprozentig darauf verlassen, morgen früh werde ich die Überweisung veranlassen."

Zu Hause ließ ich den Tag noch einmal Revue passieren und schaute auf die Rechnung, die ich Frau Krause hinterlassen hatte.

Ich war ziemlich blöd. Ich war fast 200 km gefahren, zweimal Essen – Meerbusch und zurück. Die

Teile waren auch nicht gerade günstig und zahlte zudem auch noch einen Abschlag an die Vermittlungsfirma. Jedenfalls hatte ich an dem Auftrag nicht viel verdient und dachte mir, Frau Krause ist doch sympathisch und alt, so habe ich eben ein gutes Werk getan. Eine volle Woche war vergangen und trotz meines regelmäßigen Kontrollierens konnte ich keine Spur einer Zahlung von Frau Krause auf meinem Konto finden. Zunächst beschloss ich, noch ein wenig zu warten, aber auch die darauffolgende Woche brachte keinen positiven Wandel. Meine Nervosität stieg, sodass ich höflich eine Zahlungserinnerung verfasste, die jedoch unbeantwortet blieb und keine Wirkung zeigte. Als letzte Maßnahme entschied ich mich, ein schwereres Geschütz aufzufahren und sandte Frau Krause eine Mahnung. Zu der Zeit war ich noch davon überzeugt, wie viele andere auch, dass man den Schuldner dreimal mahnen müsse, bevor man gerichtliche Schritte einleiten kann. Eine Fehleinschätzung, wie ich später herausfand. Wäre auf der Rechnung ein Zahlungsziel angegeben worden, z. B. "bis zum ... zu zahlen", wäre Frau Krause automatisch in Verzug geraten, sobald das Zahlungsziel überschritten wurde. Dadurch hätte ich ohne vorherige Mahnung einen gerichtlichen Mahnbescheid erlassen können.

Nachdem noch eine weitere Woche vergangen war, bekam ich einen Brief von Frau Krauses Sohn, der in Bremen als selbstständig niedergelassener Facharzt Schönheitskorrekturen anbot und vornahm. Dieser Brief haute mich umgangssprachlich gesehen vom Hocker.

Sehr geehrte Damen und Herren,

das ist doch immer das Gleiche mit euch Handwerkern. Alte Leute über den Leisten ziehen. Ihr seid alle Abzocker und Ganoven. Kein Scham- und Ehrgefühl. Gerade ihr vom Schlüsseldienst, ihr seid die Schlimmsten. Aus der Not eurer Kundschaft zieht ihr euer Kapital, ich wünsche eurer Zunft alles, nur nichts Gutes.
Nun überdenken Sie noch einmal Ihre Rechnung und senden mir persönlich Ihre neu kalkulierte Rechnung zu.

*Dann werde ich entscheiden, ob ich sie im Namen meiner
Mutter so akzeptiere und begleichen werde.
Ich behalte mir vor, eine Anzeige wegen Wucher gegen Sie
zu erwirken.*

Hochachtungsvoll Dr. Krause

Sehr geehrte Leserinnen und Leser, ich kann
Ihnen versichern, dass meine Gedanken in diesem
Moment wild durcheinanderwirbelten. Die kommende
Nacht war eine fast schlaflose, denn ich war
entschlossen, mir keine Anschuldigungen, Beleidigungen
oder Einschüchterungsversuche gefallen zu lassen. Ich
würde nicht zulassen, dass meine ohnehin schon
niedrige Rechnung weiter nach unten korrigiert wird.
Aber was blieb mir übrig? Ich musste einen Anwalt
einschalten. Leider hatte ich keine Versicherung, die bei
Streitigkeiten mit Kunden die Kosten für einen Anwalt
übernimmt. Als Kleinunternehmer sind solche
Rechtsschutzversicherungen finanziell kaum zu
bewältigen. Bisher hatte ich nie einen Anwalt benötigt
und stand nun ziemlich hilflos da. Ich fragte diverse
Berufskollegen, ob sie mir einen fähigen Anwalt
empfehlen könnten.

Ich habe mich dann für Herrn Rechtsanwalt Blaumann (Name geändert) entschieden. Mit Herrn Blaumann konnte ich sehr kurzfristig einen Termin vereinbaren. Ich packte also alle relevanten Unterlagen zusammen und nahm den Termin noch am selben Tag wahr.

Herr Blaumann empfing mich sehr freundlich und hatte viel Zeit für mein Anliegen und mich eingeplant. Nachdem ich ihm alles noch einmal ausführlich geschildert und erklärt hatte, sagte er zu mir:

„Das ist wirklich der Gipfel der Unverschämtheit, was sich dieser Doktor leistet. Ich rate Ihnen, sich von Ihrem Zulieferer bestätigen zu lassen, dass der Umbau für den Kunden die beste und lukrativste Lösung war."

Ich nahm mir seine Empfehlung zu Herzen und ließ mir von meinem Zulieferer die Preise der Ersatzteile für den Umbau zu einem zeitgemäßen Schloss sowie die Preise für die ursprüngliche Ausführung des Schlosses geben. Außerdem ließ ich mir bestätigen, dass die Bestellung der Teile für die alte Schlossausführung mindestens 10 Tage gedauert hätte und somit ein Abschließen der Tür nicht mehr möglich gewesen wäre.

Mit dieser Bestätigung ging ich zwei Tage später wieder zu Herrn Blaumann.

Er begrüßte mich freundlich und sagte mir, dass er schon alles vorbereitet hätte und morgen unser Widerspruch an den Kläger geschickt würde.

Dieser arrogante Dr. Krause wollte nicht einlenken und drohte obendrein mit einer Klage, die er später über seinen Anwalt auch tatsächlich bei Gericht einreichte.

Liebe Leserinnen und Leser, ich will Sie jetzt nicht zu sehr mit Details langweilen, sondern auf den Punkt kommen.

Wenige Tage vor dem anstehenden Gerichtstermin zog Dr. Krause die Klage zurück und blieb auf allen Kosten sitzen. Er musste nun seinen Anwalt, meinen Anwalt und eventuelle Gerichtskosten allein tragen.

Ich kann kaum in Worte fassen, welche Erleichterung und Genugtuung es für mich war, das Kapitel Krause abschließen zu können.

Jedenfalls konnte sich dieses arrogante A... nicht hinter seinem weißen Kittel verstecken und mich damit einschüchtern. Und ich hoffe, das war eine bittere Lehre für ihn.

IHK, HWK und Verbraucherzentralen

Es ist gut, dass es diese Institutionen gibt. Aber auch die können sich irren und falsche Auskünfte geben. Vor 25 Jahren erhielt ich Post von einem Inkassobüro, das mir eine Forderung von 20,00 DM in Rechnung stellte. Der Vorwurf lautete, ich hätte über eine günstige Servicenummer ins Ausland telefoniert und dadurch Kosten in Höhe von 20,00 DM verursacht, die ich nicht beglichen hätte. Diese Forderung sollte bereits dreieinhalb Jahre zurückliegen. Meine Frau und ich waren uns sicher, dass wir diesen Dienst nicht in Anspruch genommen hatten und die Forderung daher unberechtigt war. Doch ich konnte diese Ungerechtigkeit nicht einfach hinnehmen und wandte mich zum ersten Mal in meinem Leben an eine Verbraucherzentrale.

Also ging ich zu der für mich nächstgelegenen zuständigen Stelle, um einer jungen Rechtsanwältin die an mich gestellte Forderung vorzutragen. Nachdem sie das Schreiben des Inkassobüros sorgfältig studiert hatte, vertiefte sie sich in Fachliteratur, um für mich eine scheinbar optimale Lösung zu finden. Schließlich schaute sie mich an und riet mir, dass es für mich besser sei, die Forderung zu begleichen. Aber das war noch nicht alles. Ich erhielt eine Beratungsgebühr von 10,00 DM, die ich sofort bezahlte. Zuhause überwies ich auch die geforderten 20,00 Mark an das Inkassobüro. Einige Tage später las ich in der Presse von einer neuen Betrugsmasche, bei der man für Auslandsgespräche, die man angeblich vom Festnetz geführt hätte, zur Kasse gebeten wird. Ich konnte es kaum fassen, dass ich trotz Beratung durch die Verbraucherzentrale in die Falle getappt war. Diese Erfahrung hat mich gelehrt, dass man in finanziellen Angelegenheiten immer auf der Hut sein sollte.

Machen Sie sich Ihre eigenen Gedanken zu dem Thema Verbraucherzentralen und Co.

Nochmal, IHK, HWK und Verbraucherzentralen

Die genannten Institutionen präsentieren sich in der Öffentlichkeit gerne als kompetent, verbraucherfreundlich und stehen Ratsuchenden im Streitfall mit Fachwissen und eigenen Anwälten zur Seite. Als Sachverständiger habe ich jedoch andere Erfahrungen gemacht. Ein deutsches Gericht beauftragte mich, in einem Rechtsstreit zwischen Kunden und einem Schlüsselnotdienst ein Gutachten zu erstatten. Daraufhin habe ich die für die Region, in der ich das Gutachten erstellen sollte, zuständige Verbraucherzentrale um Auskunft gebeten. Sie sollte mir die ortsüblichen Preise für Schlüsseldienste mitteilen.

Nachfolgend eine von mir original gestellte Anfrage an die Verbraucherzentrale der zuständigen Region:

Sehr geehrte Damen und Herren,
ich arbeite als Sachverständiger auf dem Gebiet Sicherheitstechnik und Schlüsseldienste.
Vom Landgericht XY habe ich den Beweisbeschluss zu einer überhöhten Rechnung (Wucher) in mehreren Fällen eines Schlüsseldienstes zu erstatten.
*Ich hatte mich schon an die HWK sowie IHK in XY gewandt, doch die haben mich an Sie verwiesen, dass Sie mir >**eventuell**< zu meiner Frage eine Antwort geben könnten.*
Hier meine Frage an Sie: Haben Sie in Ihrer Region für Schlüsselnotdienste Vorgaben, z. B. Höchstpreisgrenzen oder / und ortsübliche Preise?
Für eine Antwort wäre ich Ihnen sehr verbunden und bedanke mich schon einmal im Voraus.
Mit freundlichen Grüßen
Meine Unterschrift

Nun das Antwortschreiben:

Sehr geehrter Herr Sachverständiger,
wir haben Ihre Anfrage erhalten.

Leider können wir Ihnen diesbezüglich nicht weiterhelfen.
Andere Adressen für eine Antwort auf Ihre Frage sind die
IHK XY http://www.xy... und die Innung des Schlosser-
und Metallbauerhandwerks XY. mit Obermeister Herrn
ABC (Straße, Postleitzahl, Ort., Tel.: ...).
Wir wünschen Ihnen viel Erfolg bei Ihrer Anfrage.
Freundliche Grüße
(Unterschrift)Mitarbeiter Gewerbeförderung

Diese Anfrage von mir war kein Einzelfall. Ich hatte
anfangs bei jedem Gutachten, das ich zu erstatten hatte,
versucht, die genannten Institutionen mit ins Boot zu
holen und meine Gutachten auf deren Erfahrungen,
Fachwissen und Rat aufzubauen. Meine Anfragen und
die Antworten darauf fielen sinngemäß immer gleich aus.

Der große Mund, mit tollen Ratschlägen, wird
leider nur in der großen Öffentlichkeit wie Presse und
Fernsehen zur Schau gestellt. In Wirklichkeit steckt aber
nicht viel wirkliches Fachwissen und Arrangement
dahinter.

Natürlich habe ich die Originalschreiben und
Antworten aufbewahrt und könnten zu jeder Zeit auch
eingesehen werden.

Nicht nur die HWK, IHK, und
Verbraucherzentralen spielen sich als wichtig auf, nein,
auch das Fernsehen mischt da kräftig mit.

Kürzlich habe ich mich über eine Fernsehsendung
geärgert. Eine junge Rechtsanwältin wurde zum Thema
Abzocke interviewt und bezeichnete überhöhte
Handwerkerrechnungen als unverschämte Bereicherung.
Sie wies auch auf den Tatbestand des Wuchers hin und
erklärte, dass man in diesem Fall sein Geld
zurückfordern könne, da der Vertragspartner eine nicht
vereinbarte Leistung in Rechnung gestellt habe.
Außerdem sprach sie die Bedeutung der ortsüblichen
Preise an und behauptete, dass die Handwerkskammern
und die Industrie- und Handelskammern Preislisten
hätten, an denen man sich orientieren könne. Über diese

Aussagen habe ich mich furchtbar aufgeregt, denn auch hier gab man sich als allwissend aus.

>Es war enttäuschend, wie oft nur Halbwahrheiten und Halbwissen verbreitet werden, ohne dass sich jemand die Zeit nimmt, sich intensiv mit der Materie auseinanderzusetzen.

Die Bewerbung

Erstellt mit chat.openai

Sie bewerben sich als Schreiner*in bei einem Unternehmen für Sicherheitstechnik. Das Unternehmen expandiert gerade und sucht Mitarbeiter für den Bereich Sicherungen an Türen und Fenstern.
Als junge*r Schreiner*in haben Sie sicher schon in der Berufsschule Bewerbungsgespräche geübt und sind in der Lage, sich und Ihre Fähigkeiten zu präsentieren.
Deshalb hier ein paar Tipps von mir, mit Unterstützung von KI erstellt, wie eine Bewerbung aufgebaut sein sollte.

1. Anschreiben: Hier stellt sich der Bewerber dem Unternehmen vor, beschreibt seine Motivation und warum er sich für die Stelle interessiert.
2. Lebenslauf: Der Lebenslauf sollte alle relevanten Informationen über den Bewerber enthalten, einschließlich seiner Ausbildung, Berufserfahrung, Fähigkeiten und Qualifikationen.
3. Zeugnisse: In der Regel sollten Zeugnisse beigefügt werden, um die im Lebenslauf aufgeführten Qualifikationen und Fähigkeiten zu belegen.

4. Referenzen: Referenzen von früheren Arbeitgebern oder Lehrern können ebenfalls hilfreich sein, um die Eignung des Bewerbers für die Stelle zu belegen.

5. Sonstige Anlagen: Wenn der Bewerber über weitere Dokumente verfügt, die für die Stelle relevant sein könnten, können diese ebenfalls in der Bewerbung beigefügt werden.

Es ist wichtig, dass die Bewerbung vollständig und sorgfältig erstellt wird, um einen guten Eindruck beim potenziellen Arbeitgeber zu hinterlassen. Der Bewerber sollte auch darauf achten, dass die Bewerbung fehlerfrei ist und optisch ansprechend gestaltet ist.

Bei älteren Berufsbewerbern gibt es einige besondere Aspekte zu beachten.

1. Erfahrungen betonen: Ältere Bewerber haben in der Regel mehr Berufserfahrung als jüngere Bewerber. Es ist wichtig, diese Erfahrung in der Bewerbung zu betonen und zu zeigen, wie sie dem Unternehmen zugutekommen kann.

2. Weiterbildung: Auch wenn ältere Bewerber bereits viel Berufserfahrung haben, sollten sie dennoch zeigen, dass sie bereit sind, sich weiterzubilden und auf dem neusten Stand zu bleiben.

3. Technologiefähigkeit: In vielen Berufen sind heute technologische Kenntnisse und Fähigkeiten von großer Bedeutung. Daher ist es wichtig zu zeigen, dass man mit modernen Technologien und Werkzeugen vertraut ist.

4. Gesundheit: Unternehmen dürfen Bewerber aufgrund ihres Alters nicht diskriminieren, jedoch sollten ältere Bewerber sicherstellen, dass sie in der Lage sind, die Anforderungen der Stelle zu erfüllen. Gesundheitliche Probleme oder Einschränkungen sollten offen angesprochen werden.

5. Netzwerke nutzen: Ältere Bewerber haben in der Regel ein größeres Netzwerk an Kontakten und ehemaligen Kollegen. Es kann hilfreich sein, diese Kontakte zu nutzen und Empfehlungen einzuholen.

6. Flexibilität zeigen: Ältere Bewerber sollten zeigen, dass sie bereit sind, sich auf neue Situationen einzustellen und flexibel zu sein. Unternehmen schätzen Mitarbeiter, die sich schnell an neue Arbeitsbedingungen anpassen.

Urkunde und Zertifikat

Erstellt mit chat.openai

Bei Bewerbungen werden neben Zeugnissen auch, soweit vorhanden, Zertifikate und Urkunden beigelegt.

Im Berufsleben ist es üblich, im Laufe der Jahre Zertifikate und Urkunden zu erhalten. Aber was ist der Unterschied zwischen einem Zertifikat und einer Urkunde?

Ein Zertifikat ist ein Dokument, das bescheinigt, dass eine Person eine bestimmte Fähigkeit oder Qualifikation besitzt und einen Kurs oder eine Ausbildung erfolgreich abgeschlossen hat. Zertifikate werden häufig von Bildungseinrichtungen oder Berufsverbänden ausgestellt und können in verschiedenen Bereichen wie Medizin, Technik, Handel usw. verwendet werden.

Eine Urkunde ist somit ein bedeutungsvolles Dokument, das von offiziellen Stellen wie Regierungsbehörden oder Gerichten ausgestellt wird. Es bestätigt die Existenz oder den Zustand von etwas, sei es eine Geburt, das Eigentumsrecht an einer Immobilie oder auch andere wichtige Angelegenheiten. Anders als ein Zeugnis, das lediglich eine Fähigkeit oder Qualifikation bescheinigt, hat eine Urkunde eine rechtliche Bedeutung und ist somit von großer Bedeutung. Sie ist ein Beweis für die Richtigkeit und Verbindlichkeit einer Angelegenheit und sollte stets sorgfältig aufbewahrt werden.

Personal und Personalführung

In diesem Buch habe ich viele Themen abgearbeitet, aber das Kapitel "Personal" steht bei mir an erster Stelle. Ich habe es bewusst bis fast zum Ende des Buches aufgehoben, denn hier geht es um meine persönlichen Erfahrungen und Einschätzungen im Umgang mit Mitarbeitern und Mitarbeiterinnen. Ich betrachte mein Personal nicht nur als Fachkräfte, sondern als Menschen mit individuellen Stärken und Schwächen. Als Chef trage ich eine große Verantwortung gegenüber meinem Unternehmen und meinen Mitarbeiterinnen sowie meinen Mitarbeitern. Deshalb ist es wichtig, dass ich ein gutes Auge für Menschenkenntnis und Psychologie habe. Im Personalbereich darf man nicht nur den fachlichen Aspekt des Personals sehen, sondern muss auch dessen äußeres Erscheinungsbild und Auftreten berücksichtigen. Wenn ich eine Mitarbeiterin oder Mitarbeiter direkt mit Kunden in Kontakt bringe, müssen sie souverän und sauber auftreten und sich verbal korrekt ausdrücken können. Auch in stressigen Situationen müssen sie die Nerven behalten und sich nicht von aufgebrachten Kunden einschüchtern lassen. Schließlich vertreten sie mein Unternehmen und mich, in das ich viel Herzblut gesteckt habe. Eine falsch eingesetzte Mitarbeiterin oder Mitarbeiter kann den Ruf meines Unternehmens ruinieren und das möchte ich unbedingt vermeiden. Natürlich kann ich nicht erwarten, für den gesetzlichen Mindestlohn Spitzenfachleute zu bekommen. Gutes hat seinen Preis und manchmal hat man auch Pech bei der Personalauswahl. Aber ich bin überzeugt, dass eine vorausschauende Personalpolitik langfristig zum Erfolg meines Unternehmens beiträgt. Denn schließlich sind es die Mitarbeiterinnen und Mitarbeiter, die mit ihrem körperlichen Einsatz zum Umsatz beitragen.

Ein Mitarbeiter, der immer sauber und gepflegt zur Arbeit erschienen war, wurde plötzlich schlampig, vergesslich und sogar aggressiv, wenn ich ihn auf sein

Fehlverhalten ansprach. Eines Tages wurde es mir zu viel und ich bat ihn nach Feierabend zu mir ins Büro.

„So, jetzt müssen wir mal ein paar ernste Worte reden.", sagte ich zu ihm. Ich habe es mir zur Gewohnheit gemacht, meine Mitarbeiter zu duzen. Ich finde, das lockert das Arbeitsklima ein wenig auf. Außerdem will ich nicht wie ein arrogantes A... wirken. Ich kann natürlich verstehen, dass das in großen Unternehmen nicht oder kaum funktioniert. Bisher, und ich bin schon lange Unternehmer, hat sich meine Taktik zumindest in meinem Unternehmen bewährt. Also bot ich ihm eine Tasse Kaffee an, die er dankend annahm. Nachdem ich mir auch eine Tasse Kaffee eingeschenkt hatte, fragte ich ganz offen.

„Was ist los mit Dir? Du wirkst seit einiger Zeit zerstreut, gereizt und ungepflegt."

Er überlegte einen Moment und redete sich dann, seinen Kummer von der Seele.

„Was soll ich sagen? Birgit, meine Frau ist vor einiger Zeit mit der Diagnose Brustkrebs ins Krankenhaus gekommen. Vorgestern wurde ihr eine Brust abgenommen.

" Ein paar Tränen liefen ihm über die Wangen.

„Verdammt, warum hast du mir das nicht erzählt?", fragte ich ihn. „Du kannst mir in dieser Situation doch auch nicht helfen."

„Sag das nicht, wenn ich dich richtig einschätze, geht es dir schon ein wenig besser, nachdem du mir dein Problem geschildert hast. Außerdem kann ich dir helfen, indem ich dir gelegentlich auch außerordentliche Freizeit einräume. Du solltest inzwischen wissen, dass ich für euch und besonders für dich immer ein offenes Ohr und Verständnis habe."

„Ich weiß", sagte er, „es tut mir leid, dass ich dich nicht gleich einbezogen habe."

Wir unterhielten uns noch eine knappe Stunde, bevor er erleichtert nach Hause fuhr.

Nach diesem Gespräch war er wie ausgewechselt und fand schnell zu seiner Zuverlässigkeit zurück.

Trotz meiner Ausbildung in Personalführung durch mein Betriebswirtschaftsstudium und einer recht guten Menschenkenntnis bin ich auch schon auf Mitarbeiter hereingefallen.

Ein langjähriger Mitarbeiter, dem ich auch voll vertraute und der als mein Nachfolger vorgesehen war, wenn ich in Rente gehe, hat mich leider sehr enttäuscht. In diesen Mann, ich nenne ihn Udo, habe ich sehr viel investiert. Ich habe ihn auf mehrere Speziallehrgänge geschickt und natürlich auch bezahlt. Ich habe ihn damals nach Ostdeutschland mitgenommen, wo wir einen lukrativen Auftrag hatten. Dort haben wir eine ganze Feuerwehreinheit in Schließtechnik und Türöffnung ausgebildet. Logisch, dass ich ihm das Hotelzimmer bezahlt habe. Verpflegung und abends unser Bier an der Bar gehörten auch dazu. Natürlich hat er für die Tage dort auch seinen normalen Lohn erhalten.

In einem kleinen Betrieb wie dem meinen kann man nicht alles vor den Mitarbeitern verbergen. Damit meine ich, dass die Mitarbeiter leider manchmal Telefongespräche, Kundengespräche und natürlich gelegentlich auch private Gespräche mitbekommen, die nicht für ihre Ohren bestimmt sind. Wenn diese

Mitarbeiter dann noch hinterhältig und vielleicht auch ein wenig dumm sind, ihr Halbwissen ausnutzen, weil sie eben nur Bruchteile von vertraulichen Gesprächen mitbekommen haben und dieses Wissen gar nicht richtig einordnen können, dann kann das zu einer bösen Mischung werden, die das aufgebaute Vertrauen völlig zerstört.

Udo verhielt sich plötzlich merkwürdig. Ich spürte, dass sich etwas zusammenbraute. Er hielt sich ständig im Keller auf, der auch als Werkstatt und Lager diente. Er lief tagelang mit Werkzeug aus dem Keller zu seinem Auto. Es war vereinbart, dass er mit seinem Privatfahrzeug auch zu den Kunden fuhr, um da Montagen auszuführen. Dazu benötigte er auch Werkzeuge, die ich ihm zur Verfügung gestellt hatte. Deshalb habe ich mir zunächst nichts dabei gedacht, als er sein Fahrzeug bestückte.

Dann wollte ich ihn zu einem Kundenauftrag schicken.

„Fahr bitte zur Osterhasenstr. 3, dort hat eine Frau Müller aus Versehen die Tür zugemacht und öffne sie bitte. Denk dran, ich habe mit Frau Müller Barzahlung vor Ort vereinbart. Also gleich kassieren."

Er schaute mich mit großen Augen an und rührte sich nicht.

„Was ist los, geht es dir nicht gut?", fragte ich ihn. Er stand wie versteinert da, die Röte stieg ihm ins Gesicht und er rührte sich immer noch nicht. Er suchte nach Worten, aber er schien sie im Moment nicht zu finden. Da fiel es mir wie Schuppen von den Augen.

„Hast du keine Lust mehr, möchtest du kündigen?", fragte ich ihn direkt.

Von ihm kam nur ein dumpfes „Ja".

Ich fühlte mich wie vor den Kopf geschlagen und mir fehlten die Worte.

Um es kurz zu machen. Er ging einfach, ohne den von mir erteilten Auftrag auszuführen.

Danach habe ich ihn nie wieder gesehen. Ich schickte ihm die Entlassungspapiere mit folgendem Begleitschreiben.

Sehr geehrter Herr W,

offensichtlich haben Sie nach Ihrer nicht fristgerechten Kündigung vergessen, mir mein Eigentum zurückzugeben. Durch Ihre nicht fristgerechte Kündigung ist mir nicht nur ein wirtschaftlicher Schaden entstanden. Ich konnte terminierte Kundenaufträge nicht fristgerecht bearbeiten, weil Sie mir Spezialwerkzeuge gestohlen haben, sodass die Herstellung von Schließzylindern nicht mehr möglich war.

Ich fordere Sie daher auf, mir mein Eigentum innerhalb von 10 Tagen zurückzugeben. Andernfalls sehe ich mich gezwungen, diese gerichtlich einzufordern und behalte mir vor, eine Diebstahlsanzeige zu erstatten.

Die Spezialwerkzeuge sind der Montagebock für EC660-Profilzylinder, der 20 cm lange Justierstift zum Einstellen der Schlösser bei der Neumontage sowie mehrere Frässtifte. Außerdem besitzen Sie noch den Türöffnungssatz für zugefallene Türen.

Obendrein haben Sie noch Material wie neue Schließzylinder und Schlösser mitgenommen.

Ich weiß nicht, was in Ihrem Kopf vorgeht. Sie haben in der Zeit, in der Sie bei mir gearbeitet haben, zwei zusätzliche Berufe erlernt (Schlüsselnotdienst- und Sicherheitstechnik). Ich habe Sie zu Lehrgängen geschickt, die mich auch viel Geld gekostet haben. Sie haben Zertifikate erhalten, mit denen Sie jetzt beruflich neu durchstarten können. Sie haben auch einen angemessenen Lohn von 18,80 Euro pro Stunde erhalten.

Ansonsten hatten wir keine geschäftlichen Beziehungen oder Vereinbarungen, die Ihr Handeln rechtfertigen. Vielleicht denken Sie einmal darüber nach.

Hochachtungsvoll
Unterschrift

Auch nach diesem Brief kam keine Reaktion von Udo.

Im Nachhinein erfuhr ich, dass er alle Schlüsseldienste in meinem Heimatort aufgesucht haben muss, um seine Dienste anzubieten. Außerdem hat er mich überall auf das Übelste verunglimpft. Ich sei ein Betrüger, der seine Mitarbeiter unterbezahlen würde. Ich hätte Häuser und Wohnungen gekauft, die er erwirtschaftet hätte.

Zum Glück kennen mich die meisten Kollegen und haben ihn sowieso nicht ernst genommen. Viele haben mich sogar informiert, was Udo so treibt. Das wäre ein Grund mehr gewesen, ihn wegen Verleumdung anzuzeigen. Aber ich habe es bis heute auf sich beruhen lassen und auf eine Anzeige verzichtet.

Ein weiterer Fall, den ich ihnen schildern möchte.

Vor rund 30 Jahren habe ich mich zum ersten Mal selbstständig gemacht. Als junger Kfz-Meister hatte ich mich als Pächter für eine Markentankstelle beworben. Da die Mineralölgesellschaft Probleme mit einem Pächter hatte, wurde ihm kurzerhand gekündigt und mir angeboten, die Tankstelle zu übernehmen. So kam ich schneller als gedacht zu meiner eigenen Tankstelle. Normalerweise lief es früher so ab, dass man als zukünftiger Pächter eine einwöchige Einweisung in einem Schulungszentrum der Mineralölgesellschaft bekam. Dort lernte man, wie man eine Tankstelle führt. Dazu gehörten Personalführung, Kundenbetreuung, Verkauf im Shop, Bedienung der Waschanlage, Preisänderungen und so weiter. Ein wichtiges Thema war auch die Bedienung und Abrechnung mit dem damals modernen Kassensystem, das ich übernahm. Da man sich kurzfristig vom Vorpächter getrennt hatte und ich noch keine konzerninterne Ausbildung nachweisen konnte, wurde mir vorgeschlagen, das Personal des jetzigen Pächters, das sich mit der Tankstelle und auch mit der Kasse bestens auskannte, zu übernehmen. Die Mitarbeiter würden eine Woche lang die Tankstelle selbstständig, aber in meinem Namen weiterführen. Man ließ mir keine andere Wahl, also fuhr ich zum Seminar und kam abends gegen 18 Uhr zurück. Dann durften meine Mitarbeiter mir Bericht erstatten und anschließend nach Hause gehen. Ich selbst blieb allein, bis die Tankstelle um 22:00 Uhr schloss. Dann habe ich mich an die Abrechnung gemacht. Wie schon erwähnt, war es damals eine hochmoderne Kasse. Neben der Bonrolle zeichnete eine zweite Rolle, eine Journalrolle, alle Kassenvorgänge auf. Bei jeder Abrechnung wurde automatisch eine fortlaufende Nummer auf der Journalrolle vergeben. Vor jeder Preisänderung und natürlich am Ende des Tages musste eine Abrechnung gemacht werden, die sogenannte Tagesabrechnung. Nachdem ich meine Pfeife gestopft und genüsslich geraucht hatte, nahm ich mir die letzten Abrechnungen vor und überprüfte sie, wie ich es am Vortag im Seminar gelernt hatte. Dabei fiel mir auf, dass eine laufende Nummer fehlte. Ich verglich die Einnahmen mit den Ausgaben und sie stimmten überein. Aber warum fehlte eine laufende Nummer? Also wieder von vorn, Beträge verglichen, Nummern verglichen und plötzlich hatte ich eine Differenz von ca. 120,00 DM zu meinem Nachteil. Da es schon spät war und ich müde wurde, fuhr ich nach Hause. Ich musste erst einmal eine Nacht darüber schlafen und war am nächsten Morgen pünktlich um kurz vor sechs wieder an meiner Tankstelle. Habe die Zapfsäulen eingeschaltet, frisches Scheibenwaschwasser für die Kunden an die Zapfsäulen gestellt und auch schon die ersten frühen Kunden bedient. Dann kamen peu à peu meine Mitarbeiter, die Kassiererin Petra, der Tankwart Gerd und der Tankwart Dieter. Alle mit einem freundlichen Lächeln und einem lockeren „Guten Morgen, Chef!"

„Guten Morgen!", antwortete ich freundlich und ließ mir nicht anmerken, dass mir nicht wohl dabei war, ihnen die Tankstelle zu überlassen.

Ich packte meine Ausbildungsunterlagen ein, verabschiedete mich mit einem „Tschüss, bis heute Abend" und machte mich auf den Weg zur Ausbildung. Natürlich hatte ich nicht erwähnt, dass ich die Journalrollen und die Abrechnungsbögen mitgenommen hatte.

Während der Schulung sprach ich die Ausbilder auf meinen Verdacht an und zeigte ihnen meine Unterlagen. Nach eingehender Prüfung gaben sie mir recht und waren der Meinung, dass meine Mitarbeiter die Kasseneinnahmen manipuliert haben müssten. Sie riefen sofort in der Zentrale der Mineralölgesellschaft an und vereinbarten einen Gesprächstermin mit meinem Niederlassungsleiter und mir.

Mit anderen Worten, ich sollte sofort für den heutigen Tag zur Station zurückkehren und mich mit meinem Niederlassungsleiter zu einem ausführlichen Gespräch in meiner Tankstelle treffen.

Mein Niederlassungsleiter, Herr Bach, war schon vor mir mit einem weiteren Abrechnungsspezialisten vor Ort eingetroffen.

Wir begrüßten uns und gingen gemeinsam in mein Büro, wo wir die Tür hinter uns schlossen, um ungestört reden zu können.

Ich schilderte noch einmal meinen Verdacht, dass ich Unregelmäßigkeiten in der Abrechnung festgestellt hatte. Um es auf den Punkt zu bringen.

Ich sagte: „Ich glaube, meine Mitarbeiter, die sie mir zugewiesen haben, bestehlen mich".

Wir gingen die Abrechnungen noch einmal Stück für Stück durch. Dann konnte der Abrechnungsspezialist es so konstruieren, dass mein Personal, nachdem ich morgens die Tankstelle verlassen hatte, um am Seminar teilnehmen zu können, eine Stange Zigaretten verkauft haben muss und eine etwas höhere Tankfüllung über die Kasse abgerechnet hat. Danach müssen sie einfach eine Tagesabrechnung an der Kasse gemacht haben. Also wurde die Kasse gelöscht und wieder auf null gestellt.

Dann wurde die Journalrolle aus der Kasse genommen, das letzte Stück, wo die Betankung und der Verkauf der Stange Zigaretten dokumentiert war, herausgerissen und einfach entsorgt.

Meine Angestellten kamen sich ganz schlau vor, vordergründig die Kassiererin, die dachten, der Neue, also ich, der noch keine Erfahrung hat, der merkt das schon nicht, wenn wir uns um ein paar Mark bereichern.

Das Ende vom Lied. Ich durfte, ja ich musste die Ausbildung abbrechen. Die Mitarbeiter wurden sofort entlassen. Mir wurde kurzerhand neues Personal zur Verfügung gestellt, mit dem ich dann auch gut zurechtkam.

Nach dieser Erfahrung war mir klar: Vertrauen ist gut, Kontrolle ist besser.

Seien Sie in Bezug auf die Personalauswahl äußerst skeptisch. Bedenken Sie, dass das Personal im Laden normalerweise nur den Chef bestehlen kann und nicht den Kunden. Wenn Sie jedoch Außendienstmitarbeiter oder Monteure haben, die direkt beim Kunden arbeiten, müssen Sie noch vorsichtiger sein. Diese Mitarbeiter müssen möglicherweise den ganzen Tag in den Räumlichkeiten des Kunden verbringen und in verschiedene Räume gehen, um ihre Arbeit zu erledigen. Das Anfassen und Verschieben von Gegenständen kann nicht vermieden werden. Um Missverständnisse zu vermeiden, sollten Kunden gebeten werden, ihre Wertsachen an einem anderen Ort aufzubewahren. Einige Kunden haben ihre Wertgegenstände auf dem Sideboard im Flur abgelegt, als meine Monteure Material und Werkzeuge aus dem Auto holten und die Eingangstür offenstand. Unbekannte Personen hätten diese Gelegenheit nutzen können, um schnell etwas zu stehlen. Ein falscher Verdacht hätte schnell entstehen können und einer meiner Mitarbeiter wäre unschuldig beschuldigt worden. Meine Kunden waren dankbar, wenn ich sie darauf hingewiesen habe und dankten mir für meine umsichtige Vorgehensweise und Weitsichtigkeit.

Anmeldungen von Patenten oder Gebrauchsmustern

Ich selbst bin seit 2005 Inhaber von drei Gebrauchsmustern. Zwei davon sind Spezialwerkzeuge und dienen dem Schlüsselnotdienst zum Öffnen von Türen. Eine weitere Erfindung dient der allgemeinen Sicherheit. Wer dieses spezielle Sicherheitstool von mir in seine Wohnungstür verbaut hat, erschwert Einbrechern das Öffnen von verschlossenen Türen.

Insgesamt hatte ich Kosten für einen Patentanwalt inklusive Recherche und Anmeldung beim Deutschen Patent- und Markenamt von circa 10.000,00 Euro. Die Öffnungswerkzeuge haben sich hervorragend vermarkten lassen und bringen mir heute noch Umsatz. Das dritte Patent war offen gesagt ein Flop. Ich bin zwar heute noch vom Nutzen des Einbruchschutzes überzeugt, aber das nützt wenig, wenn man bei den großen Herstellern auf taube Ohren stößt und diese nicht produzieren wollen.

Das Problem ist, dass die großen Hersteller eigene Entwicklungen mit eigenen Ingenieuren durchführen und diese natürlich lieber auf den Markt bringen, als fremde Patente zu kaufen.

Wie bin ich auf die Idee gekommen, ein eigenes Werkzeug zu entwickeln, einen Gebrauchsmusterschutz zu beantragen und dann zu vermarkten? Wahrscheinlich war es meine Kreativität, die mich ermutigte, so etwas in größerem Rahmen zu tun. Schon Jahre vorher, als ich noch Angestellter in einem sehr großen Unternehmen war, habe ich dort Verbesserungsvorschläge für den Betriebsablauf gemacht. Einmal bekam ich für einen Verbesserungsvorschlag 650,00 DM und ein anderes Mal ein Tischradio. Auf diese Anerkennungen war ich natürlich sehr stolz.

Wenn man sich intensiv und gerne mit seinem Beruf auseinandersetzt und nicht nach Feierabend sagt, Schluss für heute, morgen ist auch noch ein Tag, und sich nur von dummen Sachen im Fernsehen berieseln lässt, dann fällt einem das eine oder andere ein. Ich lasse immer abends im Bett den Tag Revue passieren. Manchmal kommen einem dann Ideen, die man sogar patentieren lassen kann.

Wenn Sie also auch das Potenzial haben, mit eigenen Ideen auf den Markt zu kommen, können Sie sich von chat.openai.com einen Text schreiben lassen, wo und wie man heutzutage ein Patent anmelden kann.

Die Anmeldung eines Gebrauchsmusters oder Patents erfolgt in der Regel über das jeweilige nationale Patent- oder Gebrauchsmusteramt des Landes, in dem der Schutz beansprucht wird. Das genaue Verfahren und die Anforderungen können von Land zu Land unterschiedlich sein, im Allgemeinen folgt die Anmeldung jedoch einem ähnlichen Ablauf:

1.   Recherche: Vor der Anmeldung sollte eine Recherche durchgeführt werden, um sicherzustellen, dass das Gebrauchsmuster oder Patent neu und nicht offensichtlich ist und somit den Schutzbedingungen entspricht.

2.   Anmeldung: Die Anmeldung erfolgt dann beim zuständigen Patent- oder Gebrauchsmusteramt. Die Anmeldung enthält eine detaillierte Beschreibung der Erfindung sowie technische Zeichnungen, wenn diese erforderlich sind.

Der Sachverständige

In meinen Seminaren werde ich immer wieder gefragt,
wie man Sachverständiger wird und was die Aufgaben
eines Sachverständigen sind.
Meines Wissens gibt es drei Gruppen von
Sachverständigen.
1. Den freien Sachverständigen.
2. Den von Verbänden geprüften und zertifizierten
Sachverständigen.
3. Den öffentlich bestellten und vereidigten
Sachverständigen.
 Freier Sachverständiger: Ein freier
Sachverständiger ist eine Person, die über
Fachkenntnisse und Expertise in einem bestimmten
Bereich verfügt und unabhängig arbeitet. Im Allgemeinen
kann jeder eine Tätigkeit als freier Sachverständiger
aufnehmen, ohne spezielle staatliche Anerkennung oder
Zertifizierung zu benötigen. Die Qualifikation eines freien
Sachverständigen basiert in der Regel auf seiner
Erfahrung, Ausbildung und Kompetenz in einem
bestimmten Fachgebiet. Freie Sachverständige können
von Privatpersonen oder Unternehmen beauftragt
werden, um Gutachten oder Bewertungen in ihrem
Fachgebiet zu erstellen.
 Zertifizierter Sachverständiger: Zu denen ich mich
ebenfalls zählen darf. Ein zertifizierter Sachverständiger
ist eine Person, die eine spezifische Zertifizierung oder
Qualifikation in ihrem Fachgebiet erworben hat. Die
Zertifizierung wird normalerweise von einer anerkannten
Zertifizierungsstelle oder einem Fachverband vergeben.
Um diese Zertifizierung zu erhalten, muss der
Sachverständige in der Regel bestimmte Ausbildungs-
und Erfahrungsanforderungen erfüllen sowie eine
Prüfung ablegen. Die genauen Anforderungen können je
nach Land und Fachgebiet variieren. Die Zertifizierung
soll die Fachkenntnisse und die Kompetenz des

Sachverständigen in seinem spezifischen Bereich bestätigen.

Öffentlich bestellter Sachverständiger: Ein öffentlich bestellter Sachverständiger ist eine Person, die von einer staatlichen oder öffentlichen Stelle als qualifiziert und unabhängig anerkannt wurde, um Sachverständigengutachten zu erstellen. Die öffentliche Bestellung erfolgt in der Regel durch eine Industrie- und Handelskammer, eine Handwerkskammer oder eine andere offizielle Stelle. Die öffentliche Bestellung basiert auf strengen Kriterien, wie zum Beispiel nachgewiesener Fachkompetenz, langjähriger Berufserfahrung und einer guten Reputation. Öffentlich bestellte Sachverständige haben eine besondere Stellung und genießen in der Regel einen höheren Vertrauensgrad bei Gerichten und anderen Behörden.

Es ist wichtig zu beachten, dass die genauen Bezeichnungen und Anforderungen je nach Land unterschiedlich sein können. Es empfiehlt sich, die spezifischen Vorschriften und Bestimmungen des jeweiligen Landes oder der Region zu prüfen, in der man als Sachverständiger tätig werden möchte.

Die Vergütung des gerichtlich bestellten Sachverständigen richtet sich nach dem Justizvergütungs- und Entschädigungsgesetz (JVEG).

Schlusswort

Ich schließe dieses Buch in der Hoffnung, dass es nicht nur Ihr Interesse geweckt hat, sondern Sie auch inspiriert, den Sprung in die Selbstständigkeit zu wagen. Ich habe Ihnen gezeigt, wie Sie die Kommunikation zwischen Kunden und Handwerkern aus beiden Perspektiven betrachten und Konflikte elegant lösen können. Sollten Sie sich dennoch nicht selbständig machen wollen, habe ich Ihnen genügend Anregungen für eine erfolgreiche Karriere als Angestellter gegeben. Ich wünsche Ihnen ein stressfreies Leben und einen respektvollen Umgang miteinander.

Notizen

Notizen

Weitere Bücher des Autors

Uwe Sarfeld

**erhältlich im Buchhandel oder bei uns,
www.einbruch-legal.de**